蔡元培全集
卷二

哲学大纲
石头记索隐
简易哲学纲要

哲學在我國古書本稱為道學今日哲學者希臘語斐羅梭斐之譯文其原義為愛智故哲學家不忌懷疑而忌武斷不妨有所不知而切不可強不知以為知

创于1897
商務印書館
The Commercial Press

留德时期的蔡元培(1909 年,摄于莱比锡)

石頭記索隱

蔡元培

石頭記者。清康熙朝政治小說也。作者持民族主義甚摯。書中本事在弔明之亡揭清之失而尤於漢族名士仕清者寓痛惜之意。當時既慮觸文網。又欲別開生面。特於本事以上加以數層障冪使讀者有橫看成嶺側成峯之狀況。最表面一層談家政而斥風懷。尊婦德而薄文藝。其寫寶釵也幾爲完人。而寫黛玉妙玉則乖癡不近人情。是學究所喜也。故有王雪香評本。進一層則純乎言情之作。爲文士所喜。故普通評本多著眼於此點。再進一層則言情之中善用曲筆。如寶玉中覺在秦氏房中。布種種疑陣。寶釵金鎖爲籠絡寶玉之作用。而終未道破。又於書中主要人物。設種種影子以暢寫之。如晴雯小紅等均爲黛玉影子。襲人爲寶釵影子是也。此等曲筆。惟太平閒人評本能盡揭之。太平閒人評本之缺點。在誤以前人讀西遊記之眼光讀此書。乃以大學中庸明明德等爲作者本意所在。遂有種種可笑之傅會。如以喫飯爲誠意之類。而於闡證本事一方面。遂不免未達一間矣。闡證本事以郞潛紀聞所述徐柳泉之說爲最合。所謂「寶釵影高澹人妙玉影姜西溟」是也。近人乘光舍筆記謂「書中女人皆指漢人男人皆

1916 年《石头记索隐》初刊于《小说月报》

欧洲的哲学起始于希腊人，希腊人是最爱自然最爱自由的民族。西以Tales的哲学就注意于宇宙观而主万物皆原于水的说，其后Anaximandes仍以为无定质说；Anaximenes又以为出于气说。而同为意大利南部之Pythagoras又主万有皆数说。在Eleaten的Heraklit又主万有皆出于火说。后来Jonis的Empedokeles又主火气水土四种原质说；而Anaxagoras的又说以无数性质不同的原素。看出他们的注意之范围在自然界，而且各有各的见解，尚不为一先生之说所限定。以来经过诡辩派与Sokrates、Plato等都注意人事的哲学，但到Aristoteles就因为

《简易哲学纲要》手稿

北京大学中国哲学门第一届毕业合影(1917年)

前排右五为蔡元培

《蔡元培全集》编委会

《蔡元培全集》总序

蔡元培(1868—1940),字鹤卿,号孑民,20世纪中国杰出的教育家、思想家、民主主义革命家,曾任中华民国首任教育总长、北京大学校长、中央研究院院长,为中国教育、科学、文化事业的发展做出了卓越的贡献。

1868年1月11日,蔡元培先生出生于浙江绍兴。少有隽才,科举连捷,中进士,入翰林院。甲午战争后,思想为之一变,始涉猎西学,欲求救国之道。戊戌变法失败后,愤而辞官,投身教育革命,毕生不移教育救国之志。

中华民国成立后,蔡元培先生出任教育总长,提出"五育并举"的教育方针,将美育纳入国民教育体系中;取消经科,厘定学校教育制度,设立社会教育司,为民国新教育奠定了基础。1917年,蔡元培先生出任北京大学校长,以"学术至上"为发展目标,对北大进行了彻底改革,"循思想自由原则,取兼容并包主义",促进了新思潮的传播,使北大成为新文化运动的中心、五四爱国运动的策源地、中国最早传播马克思主义和民主科学思想的基地。国民政府成立后,蔡元培先生再掌国家教育行政,借鉴法国教育制度,设立大学院,推行大学区制,持续推动教育制度革新。蔡元培先生提出"以美育代宗教"的思想,并亲授美学课程,推动艺术院校的成立,为中国艺术教育做出了奠基性的贡献。在中国近代教育史上,蔡元培先生无愧为开风气者，贡献巨大，影响深远。

蔡元培先生提倡科学精神，注重科学研究方法的普及，并始终致力于中国科学事业的建设。在校园内，将科学研究视为大学发展的首要任务；在社会上，不遗余力地扶植科学团体，资助科学项目，培育科学人才。晚年，更是倾力创建了中央研究院，并亲任院长直至辞世，历十三年。其间擘画筹谋，延揽专家，扶掖新秀，辛勤耕耘，促进了中国现代科学研究体制的形成，为近代中国科学事业的发展做出了开创性的贡献。

蔡元培先生是一位坚定的爱国主义者和民主主义革命家。二十世纪初，他创办《俄事警闻》，为《苏报》撰稿，在张园演讲；创立光复会，加入同盟会，投身反清革命。“九一八”事变爆发，他以中国文化界教育界领袖的身份，强烈呼吁国际社会制裁日本，热切期盼全国团结一致，抵御日寇侵略。他参与组织中国民权保障同盟，设法营救杨开慧、陈独秀以及许德珩、廖承志、丁玲等一大批革命志士和爱国青年，并被推举为国际反侵略大会中国分会名誉主席。蔡元培先生毕生不畏强权，不计利害，为争取民族解放、保障民主权利做出了不懈的努力。

1937 年底，上海沦陷，中央研究院内迁，作为院长的蔡元培先生原拟取道香港后赴昆明，因健康状况不佳，留港养病。1940 年 3 月 5 日溘然长逝。

蔡元培先生是中国传统文化陶冶出来的学者，又博采西方文化之所长。他博览群书，不囿于一家之言，兼收并蓄，融古今中西学术于一身，时人谓为“学人亦兼通人”。其治旧学，邃于经，兼通诸子百家，文极古藻；其于新学，不以博学为点缀，而是深入探索以求门径。蔡元培先生留下一种博大的精神气象。他道德垂范，以身教代言教，循循善诱，殷殷教导，在潜移默化间影响了无数青年。他有着中国圣贤之修养，德望素孚，受到同时代人的爱戴与景仰。毛泽东赞誉他为“学界泰斗，人世楷模”。他一生历经甲午战争、维新变法、辛亥革命、五四运动以及抗日战争等诸多历史巨变，在教育界、政界、文化界担任要职，产生了重要的社会影响，留下了宏富的著述文献，涉及哲学、教育学、美学、政治学、文学等多个领域，从一个侧面折射了中国近代教育、科学、政治和文化的发展历程，也是了解这一时期政治史、思想史、教育史、学术史的宝贵资源。

蔡元培先生的著述，除部分生前勘定出版的专著、译作之外，还有大量的文章、诗词、讲话稿、讲义稿等。其中，早年所作骈散古文及诗词，多以手稿、影印手迹、抄留底稿的形式留存，大部分为家藏文献。早期所作序跋、题词则多存于相关书刊中，珍藏于图书馆。民国后所作的文章、讲话、公牍、启事、函电及受托撰写的题词、赞、墓表、铭、楹联、他人传略等，数量极多，多数公开刊行于书籍与报章杂志，部分以手稿、影印手迹、抄留底稿等形式由机构或私人收藏。此外，他生前撰有数量可观的私人书信，亦有自钉成册及散篇的日记留存。

系统搜集、整理、出版蔡元培先生著述的工作，在他生前即已开始。而编辑出版蔡元培全集的努力，则是从 20 世纪 60 年代开始的。1968 年，台湾商务印书馆出版《蔡元培先生全集》一册，孙常炜编，收录专著和译著七种，单篇文献四百八十篇，分为“六科”，为著述、论文与杂著、言论与演说、序跋、函电与公牍、附录(收录他人所作纪念文章)；又于 1988 年出版《续编》一册。1995 年，台北锦绣出版事业股份有限公司出版《蔡元培全集》14 卷，依文体和主题分为：自传、教育（上、下）、美育、哲学、政治经济、史学民族学、语言文学、科学技术、书信（上、中、下）、日记（上、下）。1984—1989 年，中华书局出版《蔡元培全集》七卷，高平叔编，编年收录蔡元培 1883 年至 1940 年包括书信、日记在内的各类著述。1997—1998 年，浙江教育出版社出版《蔡元培全集》18 卷，中国蔡元培研究会编，将译著、书信、日记单独编次成卷，其余文献仍以编年形式编排，并补遗一卷。

近年来，随着各类晚清民国数据库的开发和近现代人物著作的陆续出版，诸多以往不为人所知的蔡元培先生著述新文献以及已刊文献的不同版本被重新发现。2015 年，在蔡元培研究专家王世儒先生的提议下，北京大学成立了《蔡元培全集》编委会，新版《蔡元培全集》的编纂与出版提上日程。由来自北京大学教育学院、历史学系、校史馆、图书馆等单位的蔡元培研究、校史研究及近代史研究的专家，以及资深校外学者组成的《全集》编委会，对包括数据库、各地馆藏文献、私人收藏文献在内的资源进行了全面的检索、收集、分析、整理。同时，在蔡元培先生家属的大力支持下，编委会对其著述家藏文献进行了深度挖掘。编委会希望为专业研究者和广大读者提供一套文献完整、校勘精审、分卷科学的全新的《蔡元培全集》。

新版《全集》的编纂工作主要围绕以下几个方面进行。

第一，重新确定《全集》的文献收录原则。经过对蔡元培先生著述的类型、性质、时代特征与留存情况进行全面分析，新版《全集》确定收入的文献包括：署名并公开发表的著述，未署名或未公开发表、经考证为其著述的手稿，函电、日记，由他人记述、转录的演讲、谈话，以及部分已搜集到的题词。

需要特别说明的是，蔡元培先生一生担任过诸多重要职务，任职期间，留下了大量的署名“蔡元培”以职务身份颁布的法令、制定的章程规则、提交的呈文以及发布的布告、启事、公牍、函电等公务类文献。编委会经过慎重研究，决定择要收录公务文献中最能够反映其思想学术的篇目和全部函电，其他公务类文献均不收录。

第二，对已刊文献进行全面整理和重新校订。广泛搜集已刊文献的各种版本及相关信息，逐篇梳理版本流传情况，优先选择作者手定本或最佳版本为底本，遵循全集校勘通例，对已刊文献进行重新校订。

第三，对以往全集失收的文献进行全面的搜集、整理、考证和补充。新版《全集》首次整理收入《石头记疏证长编》（手稿）、《蔡氏切音记号》（抄本）以及《国文科讲义》《伦理概要》《伦理学讲义》《比较民族学》《心理学》《西洋教育史》等讲义稿。演讲类文献新增百余篇。序跋类文献新增近百篇，另收录为书刊展览所作题词 130 余篇。诗文类文献新增百余篇。科举考卷部分新增童生试考卷 15 份（诗文 49 篇）。书信部分新增 550 余通。译作类新增《教授法原理》一种。综上，总计收入已往全集未收的文献逾百万字。全部新文献一一按照《全集》编撰通例进行整理校订。

第四，对文献性质、撰写时间进行尽可能精确的考证。此次整理，搜集到的文献来源不一，有时难以判断相关文献的作者归属、文献类型，必须一一加以考证。对作者归属尚存疑问的文献，不予收录。对于原始标题近似的演讲、论文、书信等不同类型的文献进行明确的区分。对千余篇文献的写作时间、出版时间以及数百次演讲的发生时间进行一一考证,纠正了大量的时间错置问题。

第五,对《全集》所有文献进行全新分类编排。新版《全集》按文体分类成卷,按著述性质排序,分卷刊行,凡十二卷。专著、著作稿集中呈现蔡元培先生的学术思想与路径,且基本为其生前所勘定,故列为前三卷。论文集、演讲集是集中呈现其思想言论的单篇文献汇编,故列为卷四、卷五。其后为讲义稿一卷,篇幅虽不大,却为蔡元培先生教育实践的最直接呈现,列为卷六。其后为序跋集、诗文集两卷,多维度呈现他的交游与生活,列为卷七、卷八。其后为书信集、日记,作为私人文献,列为卷九、卷一〇。闱墨辑存单列一卷,搜集蔡元培存世的科考试卷,列为卷一一。译著依照惯例,列于《全集》最后,为卷一二。

《全集》的编纂历时八年,主要工作分两个阶段完成。第一阶段,编委会在王世儒、郭建荣、张万仓、陈洪捷的指导下对所有文献进行编年、校勘,具体分工为:刘喜申负责1883至1910年文献,欧阳哲生负责1911至1916年文献,王世儒负责1917至1919年文献,邹新明负责1920至1922年文献,胡蕾负责1923至1926年文献,钱斌负责1927至1930年文献,张万仓负责1931至1934年文献,郭建荣负责1935至1940年文献。此外,樊秀丽参与了《妖怪学讲义》的校勘,蔡磊砢负责家藏文献的整理,马建钧负责北京大学档案文献的检索,王世儒和钱斌还提供了多年积累的佚文资料和整理初稿。第二阶段,所有文献分类编排后,娄岙菲和秦素银参与了书信集和译著的校勘,张乐与巫锐、李慧、林霄霄、阙建容博士对《全集》所涉外文部分进行了校勘与修订,各分卷执行主编对各卷进行统稿，并由蔡磊砢进行最后的定稿。

新版《蔡元培全集》的编纂出版，得到商务印书馆的鼎力支持。蔡元培先生与商务印书馆渊源深厚，缘于蔡元培先生与张元济先生同乡，同岁，又同为光绪壬辰年（1892 年）进士，同入晚清政府为官，不仅年谊深厚，更是志同道合。蔡元培先生毕生抱定教育救国之志，张元济先生则以“昌明教育、开启民智”作为商务印书馆的出版宗旨。1902 年，张元济先生入商务印书馆主持编务，蔡元培先生即全面参与商务的各项出版活动。他参与策划编辑教科书、为新书作序题跋；他翻译的《哲学要领》《教授法原理》《妖怪学讲义》《伦理学原理》，以及编撰的《中学修身教科书》《中国伦理学史》《哲学大纲》《石头记索隐》《简易哲学纲要》均由商务印书馆出版，《石头记索隐》最早连载于商务发行的《小说月报》，很多重要的演讲、论文等也发表于商务发行的《教育杂志》《东方杂志》等刊物之上；在商务出版《北京大学月刊》《北京大学丛书》《世界丛书》《万有文库》的过程中给予了大力支持，还曾长期担任商务印书馆董事之职。此次由商务印书馆刊印新版《蔡元培全集》，可谓因缘再续，意义非凡。于殿利和顾青两任领导对《全集》给予了高度重视，商务的编校出版团队对《全集》提供了专业、全面的支持。另外，《全集》的出版得到了国家出版基金的资助，在此谨表示感谢。

感谢北京大学教育学院为《全集》的编纂提供工作上的便利，北京大学社会科学部和学科建设办公室给予经费上的支持，北京大学图书馆和档案馆等机构给予资料检索上的协助。《全集》在资料收集过程中得到无数热心研究者和朋友们的帮助，他们无偿提供了文献的图片与线索，恕不一一具名。在此，我们一并表示诚挚的感谢。

新版《蔡元培全集》卷帙浩繁，涉及多种语言，如德文、法文、拉丁文、英文、日文、意大利文、荷兰文、“世界语”等，内容涵盖了哲学、美学、民族学、文学、史学等学科领域，编校难度极大，疏漏之处在所难免，恳请读者予以指正。

《蔡元培全集》编委会

2024 年 10 月

凡　　例

一、《蔡元培全集》凡十二卷，二十八分册。卷一、卷二收录六部专著，遵从作者生前勘定之书名，按创作先后依次排序。卷三收录著作稿两部，依作者手定稿名，按创作先后依次排序。其余各卷按文体和著述性质依类分卷，并新拟卷名。各卷所收文献，皆按时间顺序依次排序。

二、所收文献皆考证具体日期。日不可考则系诸月，月不可考则系诸季，季不可考则系诸年，年不可考则置于卷末。

三、所收文献皆注明版本出处。单篇文章、演讲及函电的版本信息列于篇首题注之中；专著、译作、著作稿、讲义稿、日记的版本信息列于卷首"本卷说明"之中。

四、所收文献均经校勘整理。凡底本有脱讹衍误者，均予校正。补脱字用[ ]括注楷体字标示，改讹字用( )括注楷体字标示。文献引文与今通行本或有不同，视情况予以说明或校改。

五、所收文献多有译名，凡与今通行译名不符者，一律保留。如原有译名对照表，则以译名对照表为准，篇内统一。

六、所收文献标点情况各有不同。《全集》统一施以新式标点，以国家标准进行统一。

七、《全集》使用通行简体字排版，特殊情况下保留繁体字或旧字形。卷三著作稿使用影印排版，稿中贴条、夹页均保存原貌。

八、各卷选取与该卷写作时期或内容主旨相关的肖像、手迹等图片，置于卷首。

九、各卷封面底图皆为蔡元培手迹。

本卷说明

本卷收入蔡元培著作三种。

《哲学大纲》系蔡元培留法期间应商务印书馆所约编写。1915年1月首次出版，至1931年8月刊行至第11版。本次选取底本为1915年首版。

《石头记索隐》于1915年11月完稿，次年连载于《小说月报》第七卷第一至第六号，后于1917年刊印单行本，并随书附钱静方《红楼梦考》、孟森《董小宛考》两篇文章。1922年，蔡元培为即将出版的第六版新增自序，题为"对于胡适之先生《红楼梦考证》之商摧"。本次选取的底本为商务印书馆1922年第六版，底本有句读。

《简易哲学纲要》为蔡元培旅欧期间应商务印书馆之约所著，列入"现代师范教科书"。本次选取的底本为商务印书馆1924年8月初版。

目　　录

哲学大纲

凡　例

一、本书以德意志哲学家厉希脱尔氏之《哲学导言》(Richter：*Einführung in die Philosophie*)为本，而兼采包尔生 Paulsen、冯德 Wundt 两氏之《哲学入门》(*Einleitung in die Philosophie*)以补之。亦有取之他书及参以己意者，互相错综，不复一一识别。

一、本书可供师范教科及研究哲学之用。

一、本书既为引人研究哲学之作，非哲学之著述，故历举各派之说，不多下十成断语，留读者自由思考之余地。

一、本书译语，务取最习用者。习用者不可得，始立新语。为译语志要，附于书后，以备检核。

目　　次

第一编　通论

（一）哲学之定义

哲学者，希腊语“斐罗索斐”之译名。斐罗者，好也；索斐者，知也，合而言之，是为好知。（《论语》曰：“好知不好学。”）其初常用为尚理论而疏实利之义，为海罗陀所述。克罗素见梭伦而叹为“斐罗索斐”之旅行。以其旅行之鹄的，在广求世界知识，与商贾军人有别也。柏拉图自辟精舍，标榜“斐罗索斐”，以与诡辩家对待。亦谓诡辩家游行都市，教授科学美术及辩论术，务以弋利。而柏拉图则承苏革拉底之派，与弟子自由讲习，专以研究真理为鹄的，而他无所求也。然自是以后，渐为学问之专名矣。

柏拉图尝为哲学界说，谓之实体之认识，又谓之无穷及有常之认识，雅里士多德尔谓之研求凡物之原因及本体；拉布尼支则取譬于木，谓哲学犹其根柢，而科学为其枝叶，是皆以哲学为全体知识之学也。

英国经验哲学洛克、谦谟诸家，尝揭取心理界诸问题，为认识之起原及条件，与夫行为之动机及鹄的等，为哲学之对象。而心理学家贝耐克、栗丕斯诸氏，又谓哲学以人类意识界之结论为范围。

于是以心理为中坚，以历史学及各种有系统之精神科学左右之；而自然科学之理论，则不复组入也。

以上诸说，虽所见有偏全之殊，而要皆自理论方面诠释之。而与之对待者，则偏于实际方面。于是哲学之内容，不以知见，而以品格。此其主义，亦复由来甚古。盖述希腊哲学者，无不推原于七贤，大抵以嘉言懿行为后世所仰慕。及宇宙论盛行以后，而苏革拉底乃以知德同点之说著。其后希腊哲学家，鲜有不注重于德行者。近世哲学，如叔本华、尼采等皆以道德为哲学最终之问题。洛克派之别出者，及专研康德、费希脱实际方面之学说，而倡为新哲学及神学者，皆近于此派，而德林著哲学之品性主义，其最著者矣。

要之，哲学为学问中最高之一境，于物理界及心理界之知识，必不容有所偏废。而既有条贯万有之理论，则必演绎而为按切实际之世界观及人生观，亦吾人意识中必然之趋势也。故在昔哲学家，虽以其性质之偏胜，或迫于时势之要求，而有所畸重，而按诸哲学之本义，则固当兼容而并包之。

（二）哲学与科学

《韩非子·解老篇》曰："凡物之有形者，易裁也，易割也，何以论之？有形则有短长，有短长则有大小，有大小则有方圆，有方圆则有坚脆，有坚脆则有轻重，有轻重则有白黑，短长、大小、方圆、坚脆、轻重、白黑之谓理。"又曰："凡理者，方圆、短长、麤靡、坚脆之分也，故理定而后可道也。理定，有存亡，有死生，有盛衰。夫物之一存一亡，乍死乍生，初盛而后衰者，不可谓常；唯夫与天地之剖判也俱生，至天地之消灭也不死不衰者，谓常者。而常无定理，无定理，非在于常所，是以不可道也。圣人执其玄虚，用其周行，强字之曰道。”其所谓理，即今日科学之内容；其所谓道，即哲学之内容。是先秦学者，本有此分别观念，特以科学既未确立，则哲学亦无自而自画其领域。自宋以后，或言道学，或言理学，皆含有哲学之意义。而科学观念，则自欧化输入以后，始确定焉。

欧洲古代学者，初不设哲学、科学之别，凡今日所谓科学者，悉列为哲学之一部。柏拉图之哲学，举一切物理、心理、政治、道德之理论而悉包之。雅里士多德尔则分别部居为论理学、物理学、心理学、宇宙论、动物学、玄学、伦理学、政治学、理财学、雄辩术、文学诸科，而即以组成哲学之系统。及中古烦琐哲学，以哲学隶于宗教，而科学之组入哲学如故。即近世哲学，自培根、特嘉尔以降，亦尚仍其习惯。培根分学术为记忆、想象、知识三种。记忆者，历史学也；想象者，文学也；知识者，哲学也，而哲学一部，举一切科学知识而悉包之。特嘉尔释哲学为人类知识之全体，而揭其最要之部分，为一玄学，二物理学，三机械学，实以自然科学为哲学中重要之部分。其后培根一派，如霍布、洛克、柰端等；特嘉尔一派，如斯宾傩赛、莱布尼支、伏尔弗等，其所谓哲学亦然。

哲学与科学之界别，始于两种原因：一、因有屏科学而独立之哲学；二、因有离哲学而独立之科学。

自康德作认识论，以知见之形式为纯任先天，而不关乎经验。承其流者，逐演为超轶经验之哲学，如赛林、费希脱、海该尔诸家是已。费希脱谓哲学者，不必顾虑于何等经验，而一切据先天之性灵以经营之。赛林则且以研究自然现象者，为盲动，为无理性，谓哲学之败坏,自培根始;物理学之败坏,自波爱尔及柰端始。至海该尔而此等思索派之哲学,达于极度。举所谓世界之本体,一以论理之概念构成之,此哲学之屏斥科学者也。

自十六世纪以后,各种科学,自由发展,为物理学、化学、动植物学等。关于自然现象者,已无不自立为系统之科学;而关于人事,如政治、法律、社会诸科学继之。至于今日,则如心理学者,亦以其根据生理利用实验之故,复离哲学而独立,故说者谓哲学所包含之科学,既以渐而独立,则哲学将来之运命,将日趋于消极。郎革谓哲学将仅为有理想之文词;海该尔派之专治哲学史者,谓哲学家之职业,将不外乎自述其历史。此又科学之离于哲学者也。

虽然,屏科学而治哲学,则易涉臆说;远哲学而治科学,则不免拘墟。两者可以区分而不能离绝也。今日最持平之说,以哲学为一种普遍之科学,合各科学所求得之公例,为之去其互相矛盾之点,而组织为普遍之律贯。又举普遍知识之应用于各科学而为方法为前提者,皆探寻其最高之本体而检核之。如是,则哲学者,与科学互相为因果,而又自有其领域焉。

(三)哲学与宗教

哲学与宗教,在历史中有迭为主客之关系。未开化之民族,无所谓哲学也,宗教而已。人智进步,有对于普通信仰之主义而不敢赞同者,视其智力之所能及而研求之,是谓哲学思想之始。特嘉尔所谓哲学始于疑者是也。希腊哲学家,为当时神道教之反对者,苏革拉底以是陨其身而不悔。柏拉图及雅里士多得尔之哲学，则以融合科学及宗教为最高之鹄的。欲以哲学求得正确之世界观，而据是以建设完全之宗教。其后斯多噶及爱璧古尔二派亦然。希腊旧教之所以衰歇，哲学家与有力焉。

自基督教兴，利用新柏拉图派，及雅里士多德尔派之哲学，以张其教义，所谓沙拉斯替克者也（烦琐哲学）。于是昔日影响宗教之哲学，遂蕴蕴于神学之中，而为宗教之臣仆，此西历八世纪至十六世纪之已事也。

及十七世纪，经培根、斯宾傩赛、洛克诸家之提倡，而十八世纪疏证哲学兴。务以哲学为常识而散布于人人，在英有贝克来等，在法有福尔泰等，在德有伏尔弗等。拔哲学于神学之中，而复为独立之科学，且欲以哲学之理想，为信仰之标准，而建设智力之宗教，复以宗教为哲学之隶属焉。

康德创立评判哲学，画定人类知识之界限，谓“吾人据事物之经验，就论理之形式，而构成概念，皆感觉界以内之事，即哲学及科学之领域也。宗教则托始于超轶感觉之观念，而不以概念为根柢，故哲学与宗教，各有其范围，而不必互相干涉”。如其说，则哲学家当从事于感觉界以内，集经验科学之大成，而组成完全之律贯；若逾此而对于万有最早之原因，及其最后之鹄的，欲以理论证明之，则为侵入宗教之范围，而终无自而解决。宗教家当游神于感觉界以外，循人类最高之希望，而贻以修养之法；若逾此而对于科学之结论，如地球绕日、人猿同宗诸说，欲以经训反对之，则亦徒为无谓之纷争，而自陷于谬误也。

虽然，哲学与宗教之离绝，良非易易。盖思想与信仰，虽异其方面，而要同托于一人之意识界，若截然界别之，则于人类趋向统一之本性，为之不安。故康德以后之哲学家，常欲沟通哲学及宗教，而提出统一之主义，其最著之说有二：斯拉玛海及海该尔是也。斯拉玛海当反对宗教论盛行之时，独以哲学，求宗教之真谛，而为之抗议。其大意，谓“人类心灵之作用有二：一隶于感觉世界，一隶于感觉以上世界。感觉世界者，知见之世界也。一切循知见之律贯，以为秩序。感觉以上之世界，情感之世界也。人类以其固有之性灵，与超绝感觉之本体相接引，而所借以表示其系属之情感者，为宗教”。此承康德之说，而以二元论之式诠解之者也。

海该尔则谓“哲学及宗教，皆吾人理性之作用，不异其内容，而异其形式。其由印象及情感之效果，而见于符记者，以想象为机关，而以宗教为作用；其循论理之涂辙，而构为概念者，以理想为机关，而以哲学为作用，是则两者均不外乎吾人之理性。虽其表示之状态，不能尽同，而其最深之根柢，决无二致”。此又承康德之说，而以一元论之式结合之者也。

其他哲学家致力于宗教哲学统一之主义者，及今未沫，而各尊所闻，迄无定论。观哲学界及神学界之趋势，殆将复返于康德之故步，而守其互相干涉之戒焉。

（四）哲学之部类

近世部别科学者，常列为三部：一、常有前后相承之现象，屡试而屡验者，是为现象之学，如物理、化学等是也；二、种种对象，樊然并陈，由研究者互相比较，而求得有条理有秩序之概念，是为律贯之学，如植物、动物、生理诸科学是也；三、介乎前两者之间，有相承之现象，又有待于比较之概念以组织之，是谓系统之学，如历史学、生物进化学等是也。古代哲学，包心理学而有之，其学本属于现象一类。然现象之学，本与哲学之性质及方法不能相容，而自生理之心理学成立。则心理学所研究者，皆以心灵中实现之作用及由是而发生之行为为对象，而实地经验之，以求得公例，与理化各科无异，不复借玄学之假定义以为前提，不容不离哲学而独立。故哲学中不复列心理学，而所可部别者，亦惟有系统、律贯二类焉。

系统之学，为能知之事，知识之学隶之，而其间又有二别：一、所以研究思想之形式及模范者，论理学是也；二、所以证明知识之实状者，认识论是也。而认识论之一部分为方法之学，则兼形式与实状而有之。以其一方面钩取各科学所用之方法，而稽核之，为属于实状；又一方面，则归纳此等方法于论理之范畴，及认识之宗旨，则又属于形式也。

律贯之学，为所知之事，原理之学隶之。其间先区为普通、特别二门：普通者，玄学是也，亦或谓之纯正哲学；特别者，先区为自然哲学及精神科学。自然哲学又区为（一）宇宙论，（二）生物学，（三）人学。虽近似自然科学，而皆含有普遍之性质者也。人学者，兼生理心理而研究之，其专研生理之人类学，则为自然科学，而隶于动物学者也。精神哲学，则别为（一）伦理学及法律哲学，（二）美学，（三）宗教哲学。而历史哲学，则一方面关乎道德法律之成绩，一方面又关乎宇宙论及生物人类之学，兼自然精神两界而有之。至于哲学史，则于哲学家所研究之范围，无论其为系统者、律贯者，无不与之有关，故又兼两类而有之。为表如左：

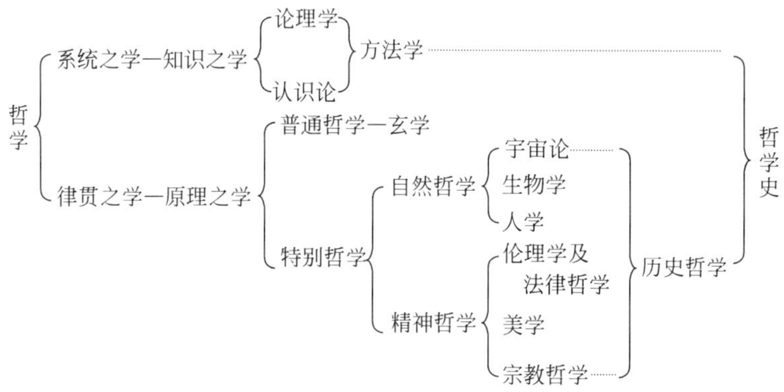

（五）研究哲学之次第

近世哲学界中，康德派多偏重认识论；海该尔派则偏重本体论；其他如德林之属，又偏重价值论。夫认识论者，研究之方法也；本体论者，知识之内容也；价值论者，理论之应用也。兼此三者而哲学之能事始完，不得举一而废其他也。而三者之中，以本体论为中坚，惟欲本体论之不陷于谬误，不可不有正当之方法，故必以认识论先之。既有本体论之结论，乃得本是以应用于实际，故以价值论殿之。

第二编　认识论

（一）认识之概念

有心理之认识，如对于旧游之地，若久别之友者，是也；有论理之认识，对于真理或非真理而为正确之判断是也。哲学家之所谓认识，以论理之认识为限。

所谓正确之判断者如何乎？曰：其证有四。一曰感情之相应，如赵高指鹿为马，而群臣和之，此感情与判断之不相容者也。所谓相应也者，判为真理，则必有赞成之感情应之；判为非真理，则必有反对之感情应之。二曰经验与思索之调和。古人以彗星为兵灾之兆，此凭偶然之经验，而不合于思索者也；化学家自谓有造人之术，此出一时之思索，而不合于经验者也；真确之判断，则反之。三曰意识之明瞭。醉后谰言，梦中呓语，虽合事实，仅为偶中。正确之判断，必其思索之脉系，经验之状态，皆瞭然于意识中者。四曰人情之契合，如数学中之$(\text{甲}+\text{乙})^2$等于$\text{甲}^2+2\text{甲乙}+\text{乙}^2$。如化学中轻^{二}养为水，此不特本一人之思索及经验而判断如是，即推之其他一切能思索能经验之人，亦将无不为如是之判断也。

（二）主观之认识

吾人意识中有种种印象，非经验界所供给者，非特童牛角马、瑶草琪花，纯为想象力所构造者然也。即明明本诸实物，而既为抽象之总观念，如三角，如马，如德行，则吾人亦得任意而分之合之大之小之，于是不复谓之实物，而专属于主观，吾人得以真者判断之，而谓之主观之认识。

此等主观之性质，纯然论理若数理之关系也，如曰："金铸之人是曰金人。"如曰："使人类可以不死。老聃人也。老聃可以不死。"又如曰："一三角形，其角度之和，必等于两正角之和。"又如曰："以三乘六十六，得百九十八。"此皆不必求印证于实物，而且得普遍之赞同者也。由是而推之，凡其反对之象，不特为吾人所否决，而且非吾人所能存想者，皆属于此类。如曰："有石下坠，不陨于地，而转如飞艇之升于空中。"此虽吾人所否决，而尚可以存想之。如曰"马非马"，如曰"同边之三角形，其角度不同"，则吾人虽可以语言表示之，而其意义，乃决非吾人所能存想矣。

凡正确之判断，必为思索及经验之调和，既于前章言之。而所谓纯然数理及论理之判断，则初不待乎经验，而其为正确也自若。虽其应用之时，未尝不与经验为缘，而考其全体之性质，及其公例之由来，则决非如他种经验知识，由屡屡同一现象而构成概念者。盖一切经验之知识，皆可存想其反对方面之状态，所谓可决，亦仅能为大多数之推度，而不能为普遍之定例。至其应用，亦不容为想象力所变更，而主观之认识皆反之，是以谓之先天之关系。

(三) 实现世界之认识

吾人意识中,不仅有主观之认识而已,常有种种实现之印象,非吾人之思想所能自由生灭者。例如一笔一书、一喜一悲,非吾人之思想所能无端消灭之,或无端变革之。使吾人未尝见一笔于此,见一书于彼,则不能无端为见其在此见其在彼之想。既已见之,则又不能以思想变革为无见。又如吾人当赏心乐事之场,非有特别激刺,必不能为向隅之泣。又如芒刺在背,决不能以思想易苦痛而为愉适,皆其证也。

是等实现之印象有二别。一属于物理者,谓之外物,亦谓之形而下,如书、笔及其他无机有机诸物是也,是谓感觉。其一属于心理者,谓之内识,亦谓之形而上,如悲喜及其他希望恐惧之属是也,是谓情感及意志之冲动。

夫此等感觉,与夫情感及意志之冲动,如何而为认识之对象乎?曰:是皆谓之意识之内容:(一)以其种种性质,如色、如声、如苦痛、如愉快,皆不为独立之性质,而特为吾人意识之所觉;(二)以其无论何时,凡曾经瞭解者,皆能以心力存想而复见之;(三)以其不能互相离绝,常互相变易,而互相关联,以构成我见也。凡意识顷刻间之所历,谓之直接之经验,亦谓之不可反对之经验。而意识之阅历,则谓之论理界必然之思想,能使吾人回想其所阅历,而为正确之判断者也。如曰"我见光",如曰"我追想交际社会中之愉快",此为经验界最正确之判断,而得最完全之调和于经验思索之间者。以其判断,对于此一时之光觉及快感,而非普通之所谓光、所谓愉快也。

使吾人以意识之经历与其所经历者，各就范于论理及数理之公例，则其为正确也从同。如曰“我思三加四得七”，又如曰“我思人皆不免于死，我思某甲人也，我思某甲亦不免于死”，此其意识之经历，固正确矣。然如我取梨三，又取梨四，而我谓之七梨；又如人既不免于死，某甲人也，我断某甲不免于死，此其意识之所阅历，即亦不得不谓之正确。何则？其反对之状态，非吾人所能存想，而其判断，又必受普遍之赞同，固无以异于前者也。

夫是等判断，何以必兼经验与思索而构成之乎？其故如下。

如曰纯然以经验构成之，则将谓一切现象之变化，必有其原因，而此之现象，即其效果。苟非有特别之旁缘，则此种因果之相承，必不容有例外，例如腊克谟纸遇酸而红，遇碱而青；如恐怖希望，常相继而来；如眼神经苟被激触，则必有色之感觉。此其认识之所由来，诚起于种种分子，如腊克谟、如酸、如红、如碱、如青、如恐怖、如希望、如眼神经、如色。使吾人于同一之关系试验之，则此种种分子，诚能以同此之形式，相承而复见，此经验之效也。然凭此成迹，而遂为不容例外之定律，且以应用于过去未来，一切不及经验之境，岂尚得以经验目之耶？

如曰纯然以思索构成之，则物理界心理界种种不规则之现象，与夫各种规则之特性及缺点，有不能仅凭思索以规定之者。例如三加五为七，虽吾人所不能存想，然而大空之有极；弹丸之循弧线而投出者，不循切线而下坠，则虽不合于事实，而吾人可以想之。然则所以矫正之者，不经验之恃而何恃耶？

由是知物理界或心理界定律之构成，不能仅凭经验，亦不能仅凭思索，必也合两者而经营之。以经验求得前此齐同之现象，以思想弥补之，使此等齐同之现象，益以推广其范围，而且为画一之规则，以应用于人人也。

（四）本体世界之认识

人类虽有此实现世界之认识，而尚不足以餍其好知之欲望。常欲由此实现之内容，而更求其内容之元始，由此画一之规则，而更求规则之根极，于是有一问题焉，曰：超轶吾等意识中实现世界以外，更有所谓本体世界否乎？

于是有互相对待之解决法，即所谓实质论与观念论也。实质论者，以本体世界为一种实质，在吾人意识以外；而观念论反之，则谓其不外乎吾人意识之关系。两家之争点，以关于物理界者为最剧，今先述其聚讼之概略如左。

夫吾人所以定判断之正确与否，不尝主经验与思索之调和乎？今对于两家之聚讼，而所以稽核之者，即亦不外乎此。核两家之言，时而自谓纯得之于经验，时而自谓发于必然之思索，时而自谓本经验所得而且以思索整理之者，请约举而评判之。

实质论之经验说曰："吾人之所经验，物之实质。固尝借吾人之感觉以昭示之矣。"观念论之经验说，则曰："吾人所见有物理世界者，以感觉为原泉。而感觉者，不外乎吾人意识之内容，是至明瞭之经验也。"虽然，一切经验，均不能轶于意识以外，则实质论所谓意识以外有实质，固不得谓纯然根据于经验也。经验固不外乎意识，而所谓意识以外必不容有凡物之实质焉，岂亦曾所经验乎？

则观念论之说，亦不得谓纯然经验之效果也。

实质论之必然思索说曰："执途人而问之，均不敢谓吾人感觉以外，别无万物之实质也。"观念论之必然思索说，则曰："吾人苟一存想，谓世界本体，不必有关系于意识，而此之存想，即不能遁诸意识以外矣。"虽然，意识以外无实质，固吾人所能存想者，实质论自以其说为必然之思索，非也。吾人又未尝不可设想，以为凡思想即皆物理作用之现于意识中者，凡思想之内容，皆根据于意识以外之一种实质。然则观念论之所主张，未尝不可为反对方面之存想，亦岂得谓之必然之思索乎？

实质论之经验思索调和说曰："苟非意识以外，别有与之对待之实质，循因果之定律以感动之，无自而发生确有规则之现象也。"观念论之经验思索调和说，则曰："吾人意识中，现象与现象之间，固已合乎因果律矣。何居乎必于吾人意识界以外，复设一雷同之实质乎？"虽然，因果律之形式，固未尝不可以观念转置之，如云，由琴弦之振动而传于空气，又由空气之波动而传于听神经，于是吾人有声之感觉，是也。然未尝不可转而用之，谓吾人有琴弦振动之感觉，而后有空气波动之感觉，而后有声之感觉。然则实质论谓非有实质不能构成因果律，非不易之论也。往日不知科学之人，常为极端之实质论，即以各种感动之部分，均为凡物之实质，此固非今之实质论所可同日而语也。今之实质论，以感觉为物质激刺之反射，又未尝以此反射者为即激刺者之摄影，而仅仅谓之符号。例如花之感觉，有色、有香，而甚柔，非其本质如此也。花之本质，乃于直观中空间之一部分，聚有多数之原子，由此原子，发为无色之气体，或不可见之以太，或其他心理上所能想象者。及其入于感觉也，而后为香为色为柔云尔。然则实质论之说，初不以本体世界与实现世界为同一之内容，而观念论乃以雷同斥之，亦非确谳矣。

由是观之，实质论与观念论，均不能为绝对之正确，亦均不得为绝对之不正确也。然则于物质观念两派以外，尚有可以指证者乎？曰：无之。虽然，有一事焉，可以指证者，曰：对于物理世界本体之判断，既不能如主观认识之为绝真，亦不能如现实世界因果律之为近真，而仅能为或真之拟议，以其不可得而经验也。

所谓不可经验者，非不及经验之谓，如吾在此室，而忽闻门外有抢攘之声。虽一时不知其所由来，而可以推寻而得之。又如地球之起源如何，当地球发生第一植物时，使有见之者，其愉快如何。此在吾人虽无可以经验之希望，然地球之成立，第一植物之发生，皆实有其时期及事实，惟吾人不及生当其时耳。苟作万一想象，谓有生当其时者，则亦得而经验之，此皆不及经验之问题也。若乃物理界之本体，则吾人虽日日生活其中，而决不能为经验之想象，是根本义所不许也，故谓之不可经验。

既曰不可经验，则对于此种判断，不能以经验为标准，然则以思索为标准乎？而必然之思索，所可取决者，惟论理及数理耳。其他既不能应用于物体，亦不能应用于物性，而对于物理界之本体，更无所施其技，然则其标准何在乎？曰：必不得已，仍善用普通认识之标准而已。普通认识之标准如何？曰：经验及思索之调和也。使其所主张者，于思想界有自相矛盾之点，或其所借以证明者，于经验界有违反事实之迹，则不得不斥为谬说，使其根据经验界之公例，而推用于经验界以上，以超绝经验之元素，组织为理论。由其理论而演绎之，又足以证明一切经验界事物之原理，而无所冲突，则可以赞同之说也。使有数派之说，皆达于此程度，则视其演绎之方式，易简者较优，而委曲者较逊焉。

以是为准，则实质论与观念论，皆在可以赞同之列。至其演绎之方式，何者最为易简，而尤可以受吾人之赞同，则已侵入玄学问题，当于下编详之。

至于即心理方面而言本体，则亦可以前说比例而得之。盖心理诸问题，其有可经验与不可经验之别，与物理无异。感情欲望之属，可以经验者也。至于我见之本体，合多数之心理，求其统一及原始之点，并求此统一心理之性质，简单乎？自由乎？不灭乎？则皆超乎经验之范围者矣。

（五）认识之程度

自希腊以降，凡思想家以人类之认识力为不受制限者，谓之独断派；其以认识力为不足凭依者，谓之怀疑派。虽两派之中，各有绝对主张或相对主张之不同，而要其不失为一派之所主张，则同也。

独断派之所主张，以为人类者，自根本义观之，无论何种对象，皆可以有绝端正确之认识者也。此非指各人而言，而特据人类之普通性言之。盖人因常有生而不慧者、早夭者、失学者，不能责以至正确之认识，要皆可指为例外，而于人类之普通性无碍也。

怀疑派之所主张，则反之。谓人类者，不能有正确之认识，而其所谓认识者，率不能谓之正确。此亦为人类之普通性言，而非为各人言之。

对于此两派相反之主张而加以判断，不外乎以前此所述之认识力为标准。盖吾人之认识力，因对象之不同，而认识之程度，遂有深浅之异。苟观察者由浅而深，则循其进步之迹，而达于积极；又或由深而浅，则循其退化之程，而达于消极，是即独断论与怀疑论之所以歧异，而两者实互有是非也。

盖自其趋于积极之一方面观察之，所谓本体世界者，虽曰玄之又玄，而尚有可以窥测之端倪；进而及实现世界，则凡本经验及思索之调和而判断之者，其正确之程度，已达于高点；进而至于主观直接及论理数理之认识，则可许为极端之正确。然则人类认识力之可恃，固已彰明较著，在独断派之主张，不为无见。而怀疑派一切抹杀之，不得不谓之谬误矣。

虽然，自其趋于消极之一方面观察之，自主观直接及论理数理之认识以外，实现世界之认识，已不能证明其为完全之正确。至于不可经验世界，则惟有悬想若假定之说而已。然则人类之认识力，固有不能超越之限界。怀疑派之主张，亦不得为无见，而独断派乃以认识力为万能，是亦不能不谓之谬误也。

夫吾人认识力之限界，其不可破也如此。然则吾人其姑退一步，以实现世界之高级正确自足，而所谓玄之又玄者，姑存而不论乎？抑以此玄之又玄者，尚有端倪之可寻，吾人不能以认识力之弱点自馁，而永与之驰骛于无穷乎？曰：是一听吾人之自择，而即非哲学者与哲学者之所由区别也。盖哲学者，求知之谓，非已知之谓。苟其求知之愿，本易餍足，则息足之点，随在可得。彼所谓哲学焉者，初未尝迫吾人以研求之也。惟其抱溥博渊泉之志愿，而已得之知识，无足以餍之者，则极深研几之役，虽欲自阻而不能。吾人苟取哲学史而读之，虽若一人一义，十人十义，纷如聚讼，而细寻其进化之脉络，觉于缭曲往复之中，自有其奔赴正鹄之中线，足以见古今思想家之致力，决非徒劳，而亦必非浅见者之所能梗阻焉。

第三编　本体论

吾人既于认识论中略述能知之事，由是进而论所知之事，是谓本体论。本体论分为二章：一曰通论，统实现世界而为之，求其所自出者也；二曰本论，即其所自出之本体，而究其实在及性质者也。

（一）本体通论

吾人较为正确之认识，以经验世界为限，由是而进于不可经验之本体，即不免涉于玄学之假定义，此认识论所证明也。然此经验界者，必不失为本体之一方面，故哲学家中有欲组织一根据经验不涉玄学之世界观者，以为科学所研究，为各部分之关系。若统各部分之互相关系而组成完全之系统，是即经验世界之本体，而哲学家所有事也。

循此趋向而进行者，谓之积极哲学（亦谓之实验哲学）。其间有种种问题，曰："一切无机物，皆为一种机动之分子或原子所构成者乎？一切物体，皆由其积力之交易而组成秩序乎？"曰："一切有机物，果皆循天演之例，由其原子之机动，与夫积力之交易，而归宿于优胜劣败之点乎？"曰："情感意志及思想，果出自一种之原素乎？情感及意志，果同一原素，而特以动作之强弱及久暂为别乎？意志及思想，果为一种意识之变化乎？"曰："物理界与心理界之关系，循何种原则乎？将谓种种意识均不外乎物质之作用乎？抑意志及感情有然，而理想独不然乎？”曰：“一切经验界之积力，皆可以计量，而积力交易之定例，普通适用乎？抑心理界之积力，非可以计量，而所谓物理界之公例，不能适用于心理界乎？”此皆今之积极哲学家所孜孜研求者也。

然而有种种问题，为此派哲学所屏斥不道者，曰：“物理界及心理界，果以物质为原本乎？抑以动力为原本乎？而所谓物质若动力者，果何由而发生乎？”曰：“于物理界与心理界互相对待以外，尚有与此物理心理统一之世界相对待者乎？于吾人所能感觉之动力以外，尚有一种极微之动作，与吾人以不可经验之激刺者乎？”曰：“此世界之全体，果为神之著作，而人类之心灵，果不死者乎？”如此类者，皆积极哲学家所存而不论者也。然而自昔之哲学家，恒不以积极哲学之世界观为餍足，于是进而为玄学之本体论。其所研求之对象，曰：“何者为世界最后之原素？”曰：“何者为万有之统纪？”常为实质论与观念论殊别之点。至其他问题，如曰：“世界最后之原素，循何等最高之法则而运动？”曰：“原素及法则之所自出，或两者之所归宿，所谓最高之统一者，其实体及性质果如何乎？”则皆有一部分焉，与两派之聚讼无关也。

夫实质论与观念论之区别，果何在乎？曰：以世界为不外乎吾人之意识，而不于意识以外别为一种实质世界之想像者，谓之纯正观念论。以意识以外，别有一种实质，为物理界心理界之各各现象所自出者，谓之纯正实质论。若乃所承认之本体及种类及性质，不为纯粹之观念若实质，而特为一部分之偏胜者，则得谓之比较观念论，若比较实质论。要之，两派之争点，尤在对于物理世界一方面。

而论其本体，在纯正实质论，以为物质之本体，即具有物理界之通性者，如声色臭味温寒及其展布于空间、延长于时间之形式，皆是也；而比较实质论，则以为物质之本体，仅具有空间时间之形式，而其他感觉中之现象，则由物质本体之运动，而表示其性情于主观之意识者。纯正观念论，对于客观本体之说，以物质本体为与感觉为交互之概念者，一切反对之；比较观念论，则谓物质自有本体，以其通性与感官中之现象相应，惟空间之形式，与情感之原素，则非其所具，而为吾人主观所结构，或发于一种不可知之天性云。

关于此等差别之点，其最要之关键，有一问题焉，即所谓现实世界最后之一点，物质乎？心灵乎？此固实质论与观念论之权衡，而尤于物理界一方面为有直接之关系也。夫如何而后有实在之物质，如何而后可以建立惟物论之哲学，不可不先有一假定义，即凡展布于空间之物体，皆能无关于意识而独立，是也。盖必如是而后实现世界，有一部分焉，不关于意识，然亦仅仅一部分而已。

观念论之假定义，谓感觉者不必再有所由出之对象，即曰有之，亦求之心理界而已足。盖如所谓物质者，使谓其别有本原，而并非出自感觉，则所谓物质之实体，将无自而存想。且吾人苟不于感觉中求得物质之原本，则观念论之世界观，将无余地以容物质也。是则世界之造端于心灵，在观念论实为必然之思索也。而实质论则反是，彼其所最直接者，自为惟物论，而要非其必然之思索，盖即使空间也，运动也，物体也，果皆为常存者。而常存者不必以此为限，不必无余地以容心灵也。是以实质论得有四式：（一）以物质为实在，而为心灵所自出者，是谓惟物论；（二）以心灵以为实在，而为物质所自出者，谓之实质惟识论；（三）以物质与心灵为并存而不悖者，是为二元论；（四）以物质与心灵为同出于其他最后之实质者，是为一元论。

惟物论　惟物论者，以世界全体为原本于一种原子之性质，及作用、及阅历，而此原子者，即无生活无性灵之质料，而位置于空间及时间之范围者也。此等原子之数及量，或以为无穷；或以为有限；或以为原子之运动，在其互相吸引与互相抵拒；或以为原子者，含有无意识之势力，如电、如热、如化学中之化合力，要之皆不失为惟物论之原子也。彼不但以无机物为构自此种原子，即在有机物亦然。而对于有机物之心灵，则或以为一种精细之原质，如呼吸然；或以为一种最滑最轻之原质；或以为物质之性情；或以为物质之作用；或以为物质之效果。其最简单而明瞭者，为近世惟物论家嘉里拉之言，曰："肾能泌溺，肝能泄汁，脑之能为思想也，亦若是则已矣。"

此派最著之理论，谓即经验界言之，心灵之作用，无不关系于体魄；而体魄之存在，则可无俟乎心灵。例如无机物之全部，求其所谓心灵者而不可得，而体魄则素具之。至于有机物之高等者，始有所谓心灵，而未有不具体魄者。是知心灵必寄于脑部，而非脑部之有待于心灵。是以脑部较大而较精者，其心灵亦必与之俱大而俱精。又如其脑部之重量较大而襞积较多，则其心灵之作用必较为进步；脑部或受损害，则心灵亦为之改变。此等关系，不特今日然，即推之无穷之已往，无穷之将来，而亦无不然。然则物质者，固有独立存在之资格，而所谓心灵者，不且为物质之所产生耶？

实质惟识论　与惟物论为最近之对待者，为实质惟识论。惟识之义，本近于观念论，惟其以心灵为实质，与惟物论之以物质为实质者相等，故不出实质派之范围。彼以物质为心灵之所产，而心灵之原素，则为一种无意识之原子所构成。其说之成立，乃较对待之惟物论为较难，何则？惟物论之说，物质一方面，得之证验，其所待推断者，惟心灵一方面耳。至实质惟识论，则于物质心灵两方面，皆不能不用推断法也。虽然，为实质论者，既不能使物体独立于感觉以外，又不能遁出于自觉意识之范围，则所谓实质惟识论者，犹当视惟物论为进步焉？

二元论　鉴于惟物惟识之各有困难，而折衷其间，则有二元论。以为物质与心灵，自无始以来，即为互相对待之分子，既非由甲生乙，亦非因乙得甲，而特为至密之接近。在无机物界，仅见有物质而已。及其进化而及于一阶级，则心灵始参入其间，而与体质且互相影响。感觉者，物质之影响于心灵者也，如光线触视神经而见有光，声浪达耳神经而闻为声，是也。意志者，心灵之影响于物质者也，如内断于心而百体从令，是也。

在惟物惟识两论，于相生之点，不能不用假定义，得二元论而两者一循其固有之状态，可谓较易简之说明矣。然犹有指摘其缺点者，一则由人类而逆溯之，自动物而植物而无机物，在进化史中为天然之层次，乃所谓心灵者，于太始既不可见，而忽焉发见于中等之中，何说以处之？二则二元并立，不足以餍趋向统一之要求，是也。

一元论　鉴于二元论之缺点而进一步，则有一元论。以为物质与心灵，均非最高之本体，而为最高本体之两方面，如一纸之有表里然。故两者不必互相生，而亦不能互相离，生理心理之间，不复为互相影响之关系，而直为共同操作之状态，两者皆并行而不悖焉。

虽然，如其说，则所谓最高本体者，非物质，非心灵，而亦物质，亦心灵，其状态果如何者，虽大勇之理想家，亦无以形容之。盖吾人所能意识者，不外乎附丽于空间之物体，及超轶乎空间之心灵，若曰不离乎此两者而又不域于此两者，则非吾人之所能存想，而仅为空空之名号已耳。然在实质论中，求其于现实世界为最简单之说明，而又有以副统一之要求，则不得不推此说为优胜矣。

吾人于是进而述观念论。夫使吾人感觉界中，并未有不含心灵之物质，则所谓观念论者，殆不难于一致。今也自一人而推之于人人，自人类而推之以至于无机物，既有种种差别之现象，往来于意识中，于是持观念论者，随所见之广狭，而所持主义，亦不免有差别之种类及数量焉。

我识论　观念论者，以心灵为世界本体之原素者也，而其主义之进化，乃为点状之进行。而发端则始于一点，故第一形式为我识论。我识论者，言世界本体，不外乎我之意识。我之意识，有情状，有内容，有动作，有附丽于空间者，有超轶乎空间者，是即世界之本体，而为万有所发生也。求之认识论，惟吾人意识中固有之情状，不待玄学之假定义，而自有正确之判断；其根据玄学假定义以证明实体者，率不过悬揣之理论，然则可许为实在者，又岂有外于我之意识乎？我之感觉，我之情感，我之意志之进行，实在者也。何者为我？曰：或指意识中各各之情状常有一我之情感与之相关联者言之；或以各各情状常互为有法之关系，因举其关系之总体而以我名之。彼以为我之感觉以外，无所谓物体；我之情感意志及思想以外，无所谓心灵。例如有一语焉，曰“柏拉图著政治论”，是不外乎我之意识中，有一种人格之感觉。如所谓柏拉图者，有一种美术教育政治道德等种种理论之感觉；如所谓柏拉图之政治论者，又有一种以如是人格著如是理论之感觉；如所谓柏拉图著政治论者，又岂有外于我之意识者乎？

是说也，既无自相矛盾之点，于经验界亦无所谓抵牾，而以一元说明万有之本原，亦不可谓非简易也。虽然，有一问题焉，为是说所不能解决者，即我之意识以外，尚有其他之意识，是也。夫吾人意识中，既有我身之感觉及其表示，而又有非我者之感觉及其表示，固常为类似之种类及数量者也。然我身之感觉，常有我之情感意志及思想，与之相应；而非我者之感觉，为吾意识中所有者，其与是相应之情感意志及思想之情状，既非我所能直接而经验，则亦无自而判断之。夫吾人决不能谓惟我身之感觉及其表示，与内界之情状有关，而非我者之感觉及其表示则否。如我之笑由于快感，而非我者之笑则否；我之哭由于悲感，而非我者之哭则否；我之抚掌，由于有所赞成，我之摇首，由于有所反对，而非我者之抚掌及摇首则否。然则我识论之范围，不能不破；而我之意识以外，不能不有非我者之我，乃并我之所谓我而亦意识之者也。

我识论既不足以餍人意，于是由我识而进于多识。我之感觉，为空间及声色臭味等所组织，而空间及声色臭味等，亦得组织而为他人之感觉。我有感觉而种种心灵之动作若情感若意志若思想，皆与之相应，则因他人之同有感觉，而推知其种种心灵之动作，亦无不与之相应也。且不惟人类而已，彼动物之有感觉及其他心理作用，既为吾人所共见，则其有意识也，犹人类也。不惟动物而已，一切植物，与动物同为有机，而其吸收食料，体合气候，或迎光而移，或触痒而振，与动物之心理作用，殆无以异也。然则植物固非无意识者。不惟植物而已，推而至于无机物，亦各有分子之运动，外力之摄距，磁电之交通，与有机物之所谓心理作用，殆亦无以异也。然则无机物亦不得谓之无意识者。至于吾人认有无机物之意识，则又由多识而进于凡识矣，于是有凡识论。

凡识论　凡识论者，以万有各为实体，虽推之野马尘埃之微，苟可以入吾人感觉界者，即无不各有其心灵。惟心灵之能力，不能不认为有阶级之差别，例如下等动物，即其最简单之官能而推测之，其所得之印象，不能不暗昧；而其所窥之外界，不能不隘薄。至于植物，恐未必有外界之印象。而无机物尤然。其所谓意识者，不过混混沌沌之内界而已。

至于高等动物及人类，则其意识界，能以心理界之情状，陶铸物理界之情状。例如甲乙二人，同见一几一书，此非徒由无识之以太，于无识之空间，介绍无识之物体，以成为印象也。乃皆受心理之作用，而并一几一书及一一以太，无不成为心灵之关系焉。

凡识论者，既具我识论之所长，而又于心理界之经验，无不一以贯之。彼于物理心理两界之现象，既不若二元论之任其互相对待，又不若惟物论及实质惟识论之强名为相生，而又不若一元论之于二元论以上空设一统一之名号，诚理论之最明通者矣。

虽然，犹有未解决之问题焉。即自一方面观之，自人类以推至于拳石，层次井然，互相衔接，不能不认为自然界首尾完具之全体。于是随举一物，均不能不认为全体中之一分子，而谓其各有相当之意识。然自一方面观之，既以一心理界属于一物体矣，而又谓其他物体，不存于前一物体之印象，而各有其一心理界，则又吾人心理所未易承认者也。

然则凡识论者，亦未敢遽认为完全之理论。惟使吾人于各派中，以缺点较少为选择之标准，则不得不推凡识论焉。

自我识论以至凡识论，皆以心灵之数量言之。然则其所谓心灵者，果为何等性质乎？自昔说心灵之性质者，有两说焉：固定说及动力说是。固定说者，以心灵为一种凝静之体，而一切心理之作用，如情感，如意志，如思想等，则为其各方面变易之性质若作用也。动力说者，以心灵为一种流动之势力，而一切心理之情状，即其自成系统之动作也。

夫以心理作用之复杂而迁流，而谓其出于一凝静之体，几非吾人所能想象。且按诸吾人之经验，心理界实无一非流动之状。例如即一俄顷间之思想，而求其变迁之所自，自甲而乙，自乙而丙，直不知其所届，于以知动力说之优于固定说也。

至于心灵最后之元素，则往昔哲学家多主智力论。自叔本华主张意志论，而近世哲学家多从之。

盖意志者，吾人最后之元素，而情感者常为表示意志之朕兆。至于知识，则为一种达意志所赴之的之作用也。以生物学证之，高等动物，及未开化之人类，其意志力早已发展，而知识之程度甚浅，吾人幼稚之年亦然。证之植物，其体合生理之作用，不得不认为意志之良能，而未可谓之知识。至于地之绕日，月之绕地，以意志说之易瞭，而以知识说之则难通，此皆意志论优于智力论之证据也。

（二）世界全体之实在及性质

世界最后之元素，既如前章所述，然则此等元素所组成之全体,果为何等情状乎?是即《易》之所谓太极,老庄之所谓道,而西洋哲学家则谓之神。神之为义,包含至广:未开化之民族,以贪残之人格当之;希腊旧教,以活泼美好之人格当之;在犹太教,为创造万物之主;在基督教,为三位一体之义;在斯宾诺赛,则以为非人格者而为万有之原因;在费西脱,以为世界秩序之准乎道德者;在海该尔,以为太极之理性;在叔本华,则又以为无理解之第一意志。凡此种种差别之意义,舍神字则无以兼容而并包之。(我国古语中,求其含玄学本义,而又兼人格与非人格二义者,亦惟神字。)

吾人既假名世界全体为神,则对于神之研究者,果有何等宗派乎?约而举之,有三:即无神论、有神论及凡神论是也。

无神论　无神论者,仅以各各原子为实体,而无所谓全体之观念者也。夫无论最后之元子为物质,为意识,或为物识二元,或为超轶物识之一元,既已假定为实在,则元子与元子之间,不能不互相关系。既互相关系矣,即不能无最后之总关系,且既有互相关系之规则,即不能无统一之总规则,此在吾人意识中,不能不相因而至者。今日,吾人所研求者至元子而止,至元子间之互相关系而止,其余非所问也。此必非吾人所能堪也。

有神论　与无神论对待者,为有神论。有神论者,谓世界以外,别有所谓神,而神即世界所从出也。于是以神为原因,而世界为其效果。虽然,果必有因,固也,而因亦有因,神为世界之原因,而独立于世界以外。然则神之原因果何在乎?说者曰:神者,自因自果者也。然则此世界者,亦何不可认为自因自果,而必别立一世界以外之神乎?

凡神论　于是有最简易之说,曰凡神论。以为神者,不在世界以外，而为世界最深最先之原泉，又即为其最高最后之鹄的。世界万有与神之关系，犹算学中合若干数而得一总数，犹化学中之合数原质而成一新物体也。而凡神论亦有二别。

其一，以神为包举全世界而无穷者。神之于万有，犹吾人躯体之于各各细胞也。如是，则其所包举之世界，不惟现在，而且亘于已往及将来。然将来之世界，何以为现在之神所包举，将无贯彻终始之神，转而为与时进化之义。而万有与神之关系，乃若婴儿之于慈母，及一时期而为独立之发展耶？

且也，为此说者，不仅出于思索，而实本于经验。盖经验界，凡物之集合，由卑而高，例如物理界之吸集，化学界之化合，如植物、动物及人类之为有机体，又如家庭民族国家等种种之团体，是皆不特以分子隶属于团体，而又以较简较卑之团体，隶属于较复较高之团体，而为其分子。然则由是而进步，其统万有而为一最高之团体，而其中分子，自无机物以至于人类，各循其固有之性质，而辐辏于其中，宜若可推而知之。虽然，吾人由今之世界，而推想其进步之状况，谓他日当有一种超越人类之动物，其与人类之比例，犹今人之于动物然。于是其所构造之社会，亦较今之社会为较高，且由是而达于最高之一境，固未为不可。而以经验界之事实推之，则有不敢质言者，何则？使此大地之温度，以渐而降，而至于极寒，恐昔之由无机物而进化以至于人类者，他日即有较高之进步，而终不免有退步之一日，且由是而退至无机世界之一日也。且日体亦不能无热度渐减而达于毁灭之一日，如是，则又将别成一新世界。而所谓新世界者，亦有成必有毁，有进化必有退化；而所谓世运者，惟终古流转于高下循环之中；而所谓最高之统一，其又奚从而经验之耶？

于是有第二派之凡神论，谓神者，非包举世界之谓，亦非世界进化极度之谓，而永永为万有根原之谓。神者，非万有之圆周线，而万有之中心点也。是说也，又有以其说之涉于惝恍而短之者。于以见吾人之知见，到此时期，对于神与世界之关系，所以说明之者愈益精深，则愈滋疑窦，有如是者。

第四编　价值论

哲学者，知识之学也。其接近于实行者，为价值论。价值论者，举世间一切价值而评其最后之总关系者也，其归宿之点在道德，而宗教思想与美学观念亦隶之。

（一）价值通论

何谓价值？不外乎于意识中悬一种之鹄的，而欲有以达之。事物之与意志及情感无关者，即无所谓价值。例如千金之券，谓之有价值者，以其可以购种种可爱之物也。苟其人既不爱钱，亦不购物，则虽有千金之券，与废纸无异。何则？其所有者，形耳，色耳，重量耳，玄学中所谓物质原素或所谓心灵原素之集合体耳，而其所以构成价值之原素则已失之。又如谓某甲有价值者，亦谓其人有利物之道德心，而为他人所利用耳。苟举其利物之道德心而去之，则虽形体犹是，能力犹是，而其对于他人之价值已不复存。然则事物之价值，无不由主观之意志而发生，明也。

价值之互相关系亦然，例如吾人求一身之康强，则不可不宜其饮食，时其起居。身之康强，果也；饮食起居之宜与时，因也。求其果不可不先求其因，是果为鹄的而因为作用，果为最高之价值而因为较卑之价值也。又如吾人或同时有两种鹄的，而二者不可得兼，不能不舍一而取一，于是意识中有竞争。两者之间，有久暂或强弱之殊，而胜负由是决焉。孟子曰："鱼我所欲，熊掌亦我所欲，二者不可得兼，舍鱼而取熊掌；生我所欲，义我所欲，二者不可得兼，舍生而取义。"是即同有价值之事物，而因其高卑之比较以定取舍者也。虽然，人之所见，不必尽同，有在此见为鹄的而在彼见为作用者，有在此见为作用而在彼见为鹄的者，有在此为所取而在彼为所舍者，有在此为所舍而在彼为所取者。故价值高卑之比较，不仅在客观，而尤在主观。

以上皆为相对之价值言之也。为问一切价值以上，果有绝对之价值，不受一切主观之影响，而于人人为同等者乎？曰：宜若有之。虽然，其确定之内容，则未有能质言之者。昔之哲学家，盖尝试之矣，曰：人类最终之鹄的，在快乐；曰：在幸福；曰：在生存；曰：在威权。此四说者，非不各持之有故而言之成理也。然而其所以判断之者，乃据大多数人之行为而求其效果之所在，故曰，在是在是。非自各人价值之意识中，实得有普通之证明也。墨翟之教，生勤而死薄，使人忧，使人悲，使后世墨者日夜不休，以自苦为极，果认有快乐之价值乎？豫让为智伯复仇，至于漆身吞炭，戴就为成公浮辨诬，虽被幽囚考掠，五毒备至而不变，果认有幸福之价值乎？士可杀而不可辱，志士仁人，无求生以害仁，有杀身以成仁，果认有生存之价值乎？儒家者流，有若无，实若虚，犯而不校。道家之言曰，柔弱胜刚强，果认有威权之价值乎？然则兹四说也，亦仅为思想家所假定之心理而已。

且也，吾人即使最后之鹄的，假定为大同，而所以达之之道，亦复不能一致。如同一求快乐也，或曰：与年少辈数十骑，射獐数肋，渴饮其血，饥食其胃，此乐使人忘死；或曰：饭疏食，曲肱而枕之，乐亦在其中。同一求威权也，或曰：仕宦当为执金吾；或则纵观皇帝曰：大丈夫当如是也；或则曰：士贵耳，王者不贵；或则曰：匹夫而为百世师，一言而为天下法。其他求幸福求生存之道，各各不同，亦复类是。然则不特最高之价值也，即以次递降之价值，亦岂易为定评与？

客观界价值之总纲，其无定评也如此，其在主观则何如乎？夫主观界之价值，即意识中各种欲望之竞争，优胜而劣败，其最优者占最高之价值是已。其优劣之标准，不外乎两种形式：一、人类以外之主宰者，如宗教家所谓上帝十戒是；二、吾人良心之命令，即所谓道德之意志是也。惟是上帝十戒，非科学所能承认，即曰有之，亦有待于良心之认可，则主观界价值之标准，不外乎良心之命令也。夫所谓良心之命令者，非人人意识中皆昭然若揭日月而行也。有于欲念纷乘之中，仅矐然露一线之光者，能把握之以凌驾其他副贰之意识，则认识始能明瞭。一而再，再而三，以至于什百，于是习惯成自然，而不知不觉之间，所然所否，自然吻合于良心之命令，而无所容其勉强，此良心进化之历史，普通人所公认也。然一叩以何者为一切良心之所同然，而何者为其所同否，则因种族地域时会之不同，而所认者不能一致。例如或以复仇为第一义，而或主以德报怨，或以方严为美德，而或主柔和之属，是也。

于是价值论之研究，所可认为普遍者，惟有形式。在客观界，以最后鹄的为最高价值，而其他达此鹄的之作用，则视其远近于大鹄的以为差；在主观界，则良心之命令，由有意识而进于无意识，是也。至其内容，则今日尚为一研究之问题，而未能质言之。

（二）道德

价值论之实现者为道德论。夫道德界中所谓最高之价值者果何在乎？自昔治道德哲学者，不外二法。一演绎法，假定一最后之鹄的，为最高之价值，乃据以标准各种之行为，以其有无关系于最高鹄的，为有无价值之判断，又以其关系于最高鹄的之远近，为价值高卑之差，是也。一曰归纳法，先由普通人对于各种行为之判断，而求其理由，以为各各之鹄的，乃由此等各各鹄的，而求其最后之理由，以为最大之鹄的，是也。夫归纳法之视演绎法为切实，所不待言。然吾人之经验，既有制限，则所归纳者无自而完全，而其最后之结论，亦仍不外乎假定。然则道德哲学所证明为最后之鹄的者，皆假定义也。而循其进化之序以言之，则略有三种：一曰属于小己者，二曰属于社会者，三曰属于人道主义者。

属于小己之鹄的，其始曰自存，谓一切行为，皆以有裨于小己之生存者为有价值也。然仅仅生存而已，一切困苦颠连之境，有非人类所能堪者。于是谓行为之价值，不徒在谋小己之生存，而尤在图其幸福。幸福者，不惟在体魄之享受，而尤在精神之快乐，是为自利。虽然，仅仅谋现在之所谓幸福，而未达于具足之生活，犹以为未足。于是谋体魄及精神之进步，以求达于具足生活之境，是谓自成。凡是等属于小己之鹄的，在道德哲学家之判断，有认为最高之价值，而排斥一切利物之行为者。如梭斐斯替克及尼采等，专以我之小己为鹄的者，世多以不道德之主义目之。有借是以说明利物主义之缘起者，谓人己之关系，互为因果，非利物不能达利己之鹄，一也；谓小己皆有同情之感，非利物则小己精神之快乐为之不完，二也。于是其所谓价值者，虽不以我之小己为限，而既发端于小己之鹄的，则其所谓利物者，亦不能不以人人之小己为对象，固无疑矣。

夫使我之小己，不足以为最后之鹄的，则他人之小己，何独不然？且也，使一一小己，不足为最高之价值；则虽积大多数之小己，而其不足为最高之价值如故。例如数学中，积大多数之〇，其价值不能大于一〇也。然则此类之利物论者，仍不能不以我之小己之价值为前提，而其利物论，乃不过利己论之扩充者耳。

纯粹之利物主义，则以利物主义为本于天性，初非由利己主义而演出。于是有摈斥利己主义，谓绝无道德之价值者，如叔本华是也。然多数之利物论者，则多调和于己物之间，以为小己之幸福，即在社会幸福之中，初不必特揭为鹄的。又如有一事焉，物我之幸福互相冲突，则恒以舍我为人者为道德。盖利物论之道德，常兼主观客观两条件而规定之。在主观界，衡以人格之特性，如贫者因不忍其邻之冻馁，而推食解衣以济之，视富人之捐助巨金为较占道德之价值，是也。其在客观界，则视其行为之效果，所及愈广，则价值愈高，是也。

属于社会之价值，亦得别为公众之幸福及公众之进化二者，而二者又互相为关系。盖社会之状态，莫不幸于停滞而不进，而文化之进步，即普遍之幸福所由增殖也。故社会之作用，不外乎悬一幸福之鹄的，而以其集合之意志，趋此惟一之方向，而悉力以达之。幸福之范围愈推广，小己意志同化于公共意志之意识愈明瞭，则道德界之价值愈高。惟小己之幸福，非必绝对牺牲之，或有附属之价值，或具作用之价值，其保存之之范围，亦愈广而愈善，特不以为最后之鹄的，如利己主义云耳。大抵社会之范围愈大，则其全体之意志，顾虑所及，益益超过于小己之外。其究也，至有索其与小己幸福之关系而无从说明者。例如家庭者，最小之社会也，与小己之关系，至为密切。然吾人所以为子孙幸福计者，虽至明瞭，而曾玄以降，即不免漠然。其他较大之社会，所规画者，不仅在吾人生存时期或将来之一二世而止，社会之中，较为规画远大者，在今世莫如国家。国家者，常得超现在而计将来。为将来之国家计，虽牺牲现在国民多数之权利以经营之，亦所不惜，此吾人所公认也。即吾人之感情，亦常以是为比例。有一消息也，谓吾人之子孙，数传以后，将受若何之灾厄。虽其说至确，而所以激刺吾人者，恒不甚剧。若曰，一二百年后，吾人之国家，将即于危亡，则不能不为之战慄。故国家之计画，常在数百年以外，然使远而又远，为之谋数千载之生存，则将以渐而入于惝恍迷离之境。然则社会之生命，在吾人意识中，仍不能不有制限也。

然则吾人所超越小己之鹄的而嬗于社会者，以为小己之意识，局于一时，不若社会之久远。以社会为道德行为之鹄的，而吾人行为之效果，乃不至俄焉消灭焉。虽然，社会之意识。亦不能不有界域，则道德行为之效果，仍不能不有一种消灭时期之意识。此又非吾人所能满意也，于是进而为人道主义之鹄的。人道主义之狭义，为人类全体；其广义则以凡识论为标准，自动物而植物以至于无机物，凡认为有识者，皆有相关之休戚。如是，则一切小己，虽推之无涯之远，无穷之久，而无不包括于此主义之中。吾人道德之行为，以是为鹄的，则庶乎所致力者，永永无消歇之顾虑矣。虽然，此主义者,吾人尚止能以情感迎合之,而不能以概念把握之。于是吾人所注定之鹄的,仍不过较近于最后鹄的之作用,而尚非最后之大鹄的也。

夫以无涯无穷之久远,而以其中至小至夭之小己衡之,其犹滴水之在大海,尚何价值之可言。虽然,认有最大之鹄的,而躬行道德以赴之者,要不外乎各各之小己。然则小己者,以其主观之幸福言之,无所谓价值;以其对于客观之责任言之,则对于最大之鹄的,而自有一种相当之价值。吾人试以历史证明之,其中贤者,其本体之幸福,及其同时人之幸福,至于今日,已成陈迹,而其致力于世界进化之事业,则与世长存。于以知自存自利之价值,皆不免随历史而消亡。惟自成主义,则与人道主义之鹄的,相为关系焉。

夫人道主义,既为全世界共同之关系,则所以达此鹄的者,不能不合全世界而共同经营之。惟是人类所具之道德心,与其所处之地位,常不能一致。稽之历史,其注目于人道主义之鹄的,而直接尽其达此鹄的之义务者,常旷世而一遇。而其他旨趣有远近,能力有大小,其所成立,常为间接之作用,而其有相当之价值,则一焉。

(三)宗教思想

道德与宗教,有密切之关系。无论何种民族,当开化之始,其道德条件,恒隶属于宗教之中。所谓道德律者,不外乎神之命令。何谓道德,神之所许故也;何谓不道德,神之所戒故也。而尤以敬神为最高之道德。宗教家流传之经典,非本于神,即本于神之代表，当为惟一之信仰，不特不容反对，而亦无所容其拟议。

自人智进步，科学成立，凡宗教家世界创造天象示警诸说，既有以证明其不然。而研究道德学及宗教学者，既博稽于人类之异同，历史之沿革，见夫道德之条件，往往因时地而不同。而宗教家恒各以其习惯为神律，党同伐异，甚至为炮烙之刑，启神圣之战，大背其爱人如己之教义而不顾，于是宗教之信用，以渐减损。而思想之自由，又非复旧日宗教之所能遏抑，而反对宗教之端启矣。

夫反对宗教者，仅反对其所含之劣点，抑并其根本思想而反对之乎？在反对者之意，固对于根本思想而发。虽然，宗教之根本思想，为信仰心，吾人果能举信仰心而绝对排斥之乎？反对宗教之主义，非即其信仰心之所属乎？尼采者，近世之以反对宗教著，而昌言“神死”者也。其所主张之“意志趋于威权”说，非即其所信仰，而且望他人之信仰者乎？独非尼采与其徒之宗教思想乎？

以宗教之历史考之，其根本思想，初无所谓变迁，而其范围，则不能不随时而减缩。当其始也，举一切天然之秩序，人事之规约，悉纳于其中。及自然科学以渐发展，则凡宗教中假定之理论，关于自然界者，悉为之摧败，而一切可以割弃。又如政治教育之类，在文明之国，皆次第由宗教而脱离。而道德一门，素为宗教之中坚者，亦得以伦理学研究之，苟归纳所得，差近于人心之所同然，即得假定为道德之本义，而亦将无待乎宗教。过此以往，凡人事之附丽于宗教者，亦将次第割弃。而宗教之仪式，在今日已为明哲之士所诟笑者，其被淘汰，益无待言。然则最后之宗教，其所含者，仅有玄学中最高之主旨，所谓超生死而绝经验者。其研究一方面，谓之玄学；其信仰一方面，则谓之宗教云尔。

最初之宗教，范围太广，所含之神话及仪式及习俗，既随地域及民族之不同，而不能相通，则宗教之派别，不能不繁。苟其有排弃杂因独标真谛之一日，则将渐趋于大同。夫多神教之领域，渐归于一神教，事实已成。一神教之领域，渐趋于凡神教，在今日亦已见端。欧美通行之退阿索斐会，融合古今各大宗教之精义，而悉屏去其仪式，以文学美术之涵养，代旧教之祈祷，其诸将来宗教之畴范与？

（四）美学观念

美学观念者，基本于快与不快之感，与科学之属于知见、道德之发于意志者，相为对待。科学在乎探究，故论理学之判断，所以别真伪；道德在乎执行，故伦理学之判断，所以别善恶；美感在乎赏鉴，故美学之判断，所以别美丑，是吾人意识发展之各方面也。人类开化之始，常以美术品为巫祝之器具，或以供激情导欲之用。文化渐进，则择其雅驯者，以为教育，如我国唐虞之典乐，希腊之美育，是也。其紬绎纯粹美感之真相，发挥美学判断之关系者，始于近世哲学家，而尤以康德为最著。

康德立美感之界说，一曰超脱，谓全无利益之关系也；二曰普遍，谓人心所同然也；三曰有则，谓无鹄的之可指，而自有其赴的之作用也；四曰必然，谓人性所固有，而无待乎外铄也。夫人类共同之鹄的，为今日所堪公认者，不外乎人道主义，既如前节所述。而人道主义之最大阻力，为专己性。美感之超脱而普遍，则专己性之良药也。且美感者，不独对于妙丽之美而已，又有所谓刚大之美：

感于至大，则计量之技无所施；感于至刚，则抵抗之力失其效。故赏鉴之始，几若与美感相冲突，而心神领会，渐觉其不能计量不能抵抗之小己，益小益弱，浸遁于意识之外，而所谓我相者，乃即此至大至刚之本体，于是乎有无量之快感焉。

康德之所以说美感者，大略如是，而其所主张者，为纯粹形式论，又以主观之价值为限。虽然，自美感进化之事实言之，其形式之渐进而复杂，常与内容相因。且准诸美术家之所创造，与审美者之所评鉴，则客观之价值，亦有未容蔑视者。于是继之而起者，为隐性论及观念论。隐性论者，以美学之对象，初无异于论理，特其程度较低。所谓理性者，尚不能构为明晰之概念，而隐蔽于感观界之直观者也。观念论者，以美学之内容，不外乎柏拉图哲学之所谓观念者也。夫论理之概念，固以直观为其本，而美感则即托体于直观，而自为复杂之进化，与概念为对待。概念之于实物也，常分析其现象之分子而类比之，美感则举其表象之全体而示现之，两者互相为补充，而决无先后阶级之可言。至于以观念说美学之对象，其义较隐性为长，盖所谓美术家者，常不在实物生活之模仿，而在以其生活表象摄入于创造者之观念。故以观念之义，应用于一切美感之对象，非不当也。而一涉柏拉图之所谓观念，则层递而上，乃渐远于具体之生活，而与美学之事实相违，故最近哲学家，又以具体想象限界之。具体想象者，本种种具体之生活，以行其想象之作用，而形为观念者也。具体生活之形式，最为复杂，又常随历史而进化，以是为美学观念之内容，则于其复杂而进化之故，思过半矣。

且学者之说美学也，或归之于感觉，或隶之于论理，或又纳之于道德若宗教，非以此数者皆与美感结不解之缘故耶？夫美感既为具体生活之表示，而所谓感觉论理道德宗教之属，均占有生活内容之一部。则其错综于美感之内容，亦固其所；而美学观念，初不以是而失其独立之价值也。

意志论之所诏示，吾人生活，实以道德为中坚，而道德之究竟，乃为宗教思想。其进化之迹，实皆参互于科学之概念，哲学之理想。概念也，理想也，皆毗于抽象者也。而美学观念，以具体者济之，使吾人意识中，有所谓宁静之人生观；而不至疲于奔命，是谓美学观念惟一之价值；而所由与道德宗教，同为价值论中重要之问题也。

译语志要

（以首字画数为序[①]，其首字画数同者，以其名词第一次见于本书之先后为序。）

一　画

一元论 Monismus.

二　画

人学 Anthropologie.

二元论 Dualismus(Neutralismus).

三　画

凡识论 Panpsychismus(Allbeseelung).

凡神论 Pantheismus.

四　画

方法之学 Methodenlehre.

五　画

尼采 Nietzsche.

玄学 Metaphysik.

生物学 Biologie.

本体论 Wirklichkeitsproblem.

---

① 指繁体字字画数。——编者

六 画

伏尔弗 Wolff.

自然哲学 Naturphilosophie.

宇宙论 Kosmologie.

多识论 Polypsychismus(Vielbeseelung).

有神论 Theismus.

七 画

贝耐克 Beneke.

贝克来 Berkeley.

克罗素 Krösus.

沙拉斯替克 Scholastik.

我识论 Monopsychismus(Theoretische Egoismus).

系统之学 Genetische Wissenschaft.

八 画

拉布尼支 Leibniz.

叔本华 Schopenhauer.

波爱尔 Boyle.

知识之学 Erkenntnislehre.

法律哲学 Rechtsphilosophie.

宗教哲学 Religionsphilosophie.

固定说 Selbständig-Beharrliches.

具体想象 Konkreten Phantasietätigkeit.

九 画

柏拉图 Plato.

洛克 Locke.

柰端 Nowton.

郎革 Lange.

律贯之学 Systematische Wissenschaft.

美学 Aesthetik.

十　画

海罗陀 Herodot.

海该尔 Hegel.

栗丕斯 Lipps.

特嘉尔 Descartes.

原理之学 Prinzipienlehre.

伦理学 Ethik.

哲学史 Geschichte der Philosophie.

退阿索斐 Theosophie.

十一画

梭伦 Solon.

梭斐斯替克 Sophistik.

康德 Kant.

培根 Bacon.

现象之学 Phänomenologische Wissenschaft.

惟物论 Materialismus.

动力说 Aktualitätstheorie.

十二画

斐罗索斐 Philosophie.

雅里士多德尔 Aristoteles.

费希脱 Fichte.

斯宾傩赛 Spinoza.

斯多噶 Stoiker.

斯拉玛海 Schleiermacher.

疏证哲学 Aufklärungsphilosophie.

智力论 Intellektualismus.

无神论 Atheismus.

十三画

爱璧古尔 Epikureer.

福尔泰 Voltaire.

石头记索隐

第六版自序

对于胡适之先生《红楼梦考证》之商榷

余之为此索隐也，实为《郎潜二笔》中徐柳泉之说所引起。柳泉谓宝钗影高澹人，妙玉影姜西溟。余观《石头记》中写宝钗之阴柔、妙玉之孤高，与高姜二人之品性相合。而澹人之贿金豆，以金锁影之。其假为落马坠积潴中，以薛蟠之似泥母猪影之。西溟之热中科第，以走魔入火影之。其瘐死狱中，以被劫影之。又以妙字、玉字影姜字、英字，以雪字影高字。知其所寄托之人物，可用三法推求：一、品性相类者；二、轶事有征者；三、姓名相关者。于是以湘云之豪放而推为其年，以惜春之冷僻而推为荪友，用第一法也。以宝玉曾逢魔魇而推为允礽，以凤姐哭向金陵而推为国柱，用第二法也。以探春之名，与探花有关，而推为健庵；以宝琴之名，与学琴于师襄之故事有关，而推为辟疆，用第三法也。然每举一人，率兼用三法或两法，有可推证，始质言之。其他若元春之疑为徐元文，宝蟾之疑为翁宝林，则以近于孤证，姑不列入。自以为审慎之至，与随意附会者不同。近读胡适之先生之《红楼梦考证》，列拙著于“附会的红学”之中，谓之“走错了道路”，谓之“大笨伯”“笨谜”，谓之“很牵强的附会”，我殊不敢承认。或者我亦不免有敝帚千金之俗见。然胡先生之言，实有不能强我以承认者。今贡其疑于左：

（一）胡先生谓："向来研究这部书的人都走错了道路，……不去搜求那些可以考定《红楼梦》的著者、时代、版本等等的材料，却去收罗许多不相干的零碎史事来附会《红楼梦》里的情节。"又谓："我们只须根据可靠的版本与可靠的材料，考定这书的著者究竟是谁，著者的事迹家世，著书的时代，这书曾有何种不同的本子，这些本子的来历如何？这些问题，乃是《红楼梦》考证的正当范围。"案考定著者、时代、版本之材料，固当搜求。从前王静庵先生作《红楼梦》评论，有云"作者之姓名（遍考各书，未见曹雪芹何名）与作书之年月，其为读此书者所当知，似更比主人公之姓名为尤要。顾无一人为之考证者，此则大不可解者也"，又云"苟知美术之大有造于人生，而《红楼梦》自足为我国美术上之唯一大著述，则其作者之姓名，与其著书之年月，固为唯一考证之题目"。今胡先生对于前八十回著作者曹雪芹之家世及生平，与后四十回著作者高兰墅之略历，业于短时期间搜集多许材料，诚有功于《石头记》，而可以稍释王静庵先生之遗憾矣。惟吾人与文学书最密切之接触，本不在作者之生平，而在其著作。著作之内容，即胡先生所谓"情节"者，决非无考证之价值。例如我国古代文学中之《楚辞》，其作者为屈原、宋玉、景差等。其时代在楚怀王、襄王时，即西历纪元前三世纪顷，久为昔人所考定。然而"善鸟香草以配忠贞，恶禽臭物以比谗佞，灵修美人以媲于君，宓妃佚女以譬贤臣，虬龙鸾凤以托君子，飘风云霓以为小人"。为王逸所举者，固无非内容也。其在外国文学，如 Shakespeare 之著作，或谓出 Bacon 手笔，遂生"作者究竟是谁"之问题。至如 Goethe 之著 *Faust*，则其所根据之神话与剧本，及其六十年间著作之经过，均为文学史所详载。而其内容，则第一部之 Gretchen 或谓影 Elsässirin Friederike（Bielschowsky 之说），或谓影 Frankfurter Gretchen（Kuno Fischer 之说）。第二部之 Walpurgisnacht 一节，为地质学理论。Helena 一节，为文化交通问题。Euphorion 为英国诗人 Byron 之影子（各家略同）。皆情节上之考证也。俄之托尔斯泰，其生平，其著作之次第，皆无甚疑问。近日张邦铭、郑阳和两先生所译英人 Sarolea 之《托尔斯泰传》有云："凡其著作，无不含自传之性质。各书之主人翁，如伊尔屯尼夫、鄂仑玲、聂乞鲁多夫、赖文、毕索可夫等，皆其一己之化身。各书中所叙他人之事，莫不与其身有直接之关系。……《家庭乐》叙其少年时情场中之一事，并表其情爱与婚姻之意见。书中主人翁既求婚后，乃将少年狂放时之恶行，缕书不讳，授所爱以自忏。此事托尔斯泰于《家庭乐》出版三年后，向索利亚柏斯求婚时，实尝亲自为之。即《战争与和平》一书，亦可作托尔斯泰之家乘观。其中老乐斯脱夫，即托尔斯泰之祖。小乐斯脱夫，即其父。索利亚，即其养母达善娜，尝两次拒其父之婚者。拿特沙药斯脱夫，即其姨达善娜柏斯，毕索可夫与赖文，皆托尔斯泰用以自状。赖文之兄死，即托尔斯泰兄的米特利之死。《复活》书中聂乞鲁多夫之奇特行动，论者谓依心理未必能有者，其实即的米特利生平留于其弟心中之一纪念。的米特利娶一娼，与聂乞鲁多夫同也。"亦情节上之考证也。然则考证情节，岂能概目为附会而排斥之？

（二）胡先生谓拙著《索隐》所阐证之人名，多是"笨谜"，又谓"假使一部《红楼梦》，真是一串这么样的笨谜，那就真不值得猜了"。案拙著阐证本事，本兼用三法，具如前述。所谓姓名关系者，仅三法中之一耳，即使不确，亦未能抹杀全书。况胡先生所谥为笨谜者，正是中国文人习惯，在彼辈方以为必如是而后值得猜也。《世说新书》称曹娥碑后有“黄绢幼妇外孙齑臼”八字，即以当绝妙好辞四字。古绝句：“藁砧今何在？山上复有山。何当大刀头，破镜飞上天。”以藁砧当夫，大刀头当还。《南史》记梁武帝时童谣有“鹿子开城门，城门鹿子开”等句，谓鹿子开者，反语为来子哭，后太子果薨。自胡先生观之，非皆笨谜乎？《品花宝鉴》以侯石公影袁子才，侯与袁为猴与猿之转借，公与子同为代名词，石与才则自“天下才有一石，子建独占八斗”之语来。《儿女英雄传》，自言十三妹为玉字之分析，非经说破，已不易猜。又以纪献唐影年羹尧，纪与年，唐与尧，虽尚简单，而献与羹则自“犬曰羹献”之文来。自胡先生观之，非皆笨谜乎？即如《儒林外史》之庄绍光即程绵庄，马纯上即冯粹中，牛布衣即朱草衣，均为胡先生所承认。（见胡先生所著《吴敬梓传》及附录。）然则金和跋中之所指目，殆皆可信。其中如因范蠡曾号陶朱公，而以范当陶，因萬字俗写作万，而以万代方；亦非笨谜乎？然而安徽第一大文豪且用之，安见汉军第一大文豪必不出此乎？

（三）胡先生谓拙著中刘老老所得之八两及二十两有了下落，而第四十二回王夫人所送之一百两没有下落，谓之“这种完全任意的去取，实在没有道理”。案《石头记》凡百二十回，而余之《索隐》尚不过数十则，有下落者记之，未有者姑阙之，此正余之审慎也。若必欲事事证明而后可，则《石头记》自言著作者有石头、空空道人、孔梅溪、曹雪芹等，而胡先生所考证者惟有曹雪芹。《石头记》中有多许大事，而胡先生所考证者惟南巡一事，将亦有任意去取，没有道理之谓与?

(四)胡先生以曹雪芹生平,大端考定,遂断定《石头记》是"曹雪芹的自叙传","是一部将真事隐去的自叙的书","曹雪芹即是《红楼梦》开端时那个深自忏悔的我,即是书里甄贾(真假)两个宝玉的底本"。案书中既云真事隐去,并非仅隐去真姓名,则不得以书中所叙之事为真。又使宝玉为作者自身影子,则何必有甄贾两个宝玉?(鄙意甄贾二字,实因古人有正统伪朝……习见而起。贾雨村举正邪两赋而来之人物,有陈后主、唐明皇、宋徽宗等,故疑甄宝玉影宏光,而贾宝玉影允礽也。)若因赵嬷嬷有甄家接驾四次之说,而曹寅适亦接驾四次,为甄家即曹家之确证,则赵嬷嬷又说贾府只预备接驾一次,明在甄家四次以外,安得谓贾府亦即曹家乎?胡先生因贾政为员外郎,适与员外郎曹頫相应,遂谓贾政即影曹頫。然《石头记》第三十七回有贾政任学差之说。第七十一回有贾政回京覆命,因是学差,故不敢先到家中,云云。曹頫固未闻曾放学差也。且使贾府果为曹家影子,而此书又为雪芹自写其家庭之状况,则措词当有分寸。今观第十七回焦大之谩骂,第六十六回柳湘莲道:"你们东府里,除了那两个石头狮子干净罢了。"似太不留余地。且许三礼奏参徐乾学,有曰"伊弟拜相之后,与亲家高士奇更加招摇,以致有'去了余秦桧(余国柱),来了徐严嵩。乾学似庞涓,是他大长兄'之谣。又有'五方宝物归东海,万国金珠贡澹人'之对",云云。今观《石头记》第五十五回有"刚刚倒了一个巡海夜叉,又添了三个镇山太岁"之说。第四回,有"贾不假,白玉为堂金作马,阿房宫,住不下金陵一个史,东海少了白玉床,龙王来请金陵王,丰年好大雪,珍珠如土金如铁"之护官符。显然为当时一谣一对之影子，与曹家无涉。故鄙意《石头记》原本，必为康熙朝政治小说，为亲见高、徐、余、姜诸人者所草。后经曹雪芹增删，或亦许插入曹家故事。要未可以全书属之曹氏也。

民国十一年一月三十日　蔡元培

《石头记》者，清康熙朝政治小说也。作者持民族主义甚挚。书中本事，在吊明之亡，揭清之失。而尤于汉族名士仕清者，寓痛惜之意。当时既虑触文网，又欲别开生面，特于本事以上，加以数层障幂，使读者有横看成岭侧成峰之状况。最表面一层，谈家政而斥风怀，尊妇德而薄文艺。其写宝钗也，几为完人；而写黛玉妙玉则乖痴不近人情。是学究所喜也，故有王雪香评本。进一层，则纯乎言情之作，为文士所喜。故普通评本，多着眼于此点。再进一层，则言情之中，善用曲笔。如宝玉中觉，在秦氏房中，布种种疑陈。宝钗金锁为笼络宝玉之作用，而终未道破。又于书中主要人物，设种种影子以畅写之，如晴雯小红等均为黛玉影子，袭人为宝钗影子，是也。此等曲笔，惟太平闲人评本，能尽揭之。太平闲人评本之缺点，在误以前人读《西游记》之眼光读此书，乃以《大学》《中庸》"明明德"等为作者本意所在，遂有种种可笑之傅会，如以吃饭为诚意之类。而于阐证本事一方面，遂不免未达一间矣。阐证本事，以《郎潜纪闻》所述徐柳泉之说为最合。所谓"宝钗影高澹人，妙玉影姜西溟"，是也。近人《乘光舍笔记》，谓"书中女人皆指汉人，男人皆指满人，以宝玉曾云男人是土做的，女人是水做的也"，尤与鄙见相合。左之札记，专以阐证本事，于所不知，则阙之。

书中红字多影朱字。朱者，明也，汉也。宝玉有爱红之癖，言以满人而爱汉族文化也，好吃人口上胭脂，言拾汉人唾余也。清制：满人不得为状元，防其同化于汉。《东华录》："顺治十八年六月，谕吏部：世祖遗诏云，纪纲法度，渐习汉俗，于醇朴旧制，日有更张。"又云："康熙十五年十月，议政王大臣等，议准礼部奏，朝廷定鼎以来，虽文武并用，然八旗子弟，尤以武备为急，恐专心习文，以致武备废弛，见今已将每佐领下子弟一名，准在监肄业，亦自足用。除见在生员举人进士录用外，嗣后请将旗下子弟考试生员举人进士，暂令停止。从之。"是知当时清帝，虽躬修文学，且创开博学鸿词科，实专以笼络汉人，初不愿满人渐染汉俗。其后雍乾诸朝亦时时申诫之。故第十九回"袭人劝[宝]玉道：'再不许吃人嘴上擦的胭脂了，与那爱红的毛病儿。'"又："黛玉见宝玉腮上血渍，询知为淘澄胭脂膏子所溅，谓为带出幌子，吹到舅舅耳里，使大家不干净惹气。"皆此意。宝玉在大观园中，所居曰怡红院，即爱红之义。所谓曹雪芹于悼红轩中增删本书，则吊明之义也。本书有《红楼梦曲》，以此。书中叙事托为石头所记，故名《石头记》。其实因金陵亦曰石头城而名之。余国柱（即书中之王熙凤）被参，以其在江宁置产营利，与协理宁国府，历劫返金陵等同意也。又曰《情僧录》及《风月宝鉴》者，或就表面命名，或以情字影清字；又以古人有清风明月语，以风月影明清，亦未可知也。

《石头记》叙事，自明亡始。第一回所云"这一日三月十五日，葫芦庙起火，烧了一夜。甄氏烧成瓦砾场"，即指甲申三月间，明愍帝殉国，北京失守之事也。士隐注解《好了歌》，备述沧海桑田之变态。亡国之痛，昭然若揭。而士隐所随之道人，跛足麻履鹑衣，或即影愍帝自缢时之状。甄士本影政事；甄士隐随跛足道人而去，言明之政事，随愍帝之死而消灭也。

甄士隐即真事隐，贾雨村即假语存，尽人皆知。然作者深信正统之说，而斥清室为伪统。所谓贾府，即伪朝也。其人名如贾代化、贾代善，谓伪朝之所谓化，伪朝之所谓善也。贾政者，伪朝之吏部也。贾敷贾敬，伪朝之教育也(《书》曰：敬敷五教)。贾赦，伪朝之刑部也，故其妻氏邢(音同刑)，子妇氏尤(罪尤)。贾琏为户部，户部在六部居次，故称琏二爷，其所掌则财政也。李纨为礼部(李礼同音)，康熙朝礼制已仍汉旧，故李纨虽曾嫁贾珠，而已为寡妇，其所居曰稻香村，稻与道，同音；其初名以杏花村，又有杏帘在望之名，影孔子之杏坛也。(《金瓶梅》以孟玉楼影当时之礼部，氏之以孟，又取“玉楼人醉杏花风”诗句为名，即《红楼梦》所本也。)

作者于汉人之服从清室，而安富尊荣者，如洪承畴、范文程之类，以娇杏代表之。娇杏即徼幸。书中叙新太爷到任，即影满洲定鼎。观雨村中秋口号云“天上一轮才捧出，人间万姓仰头看”，知为代表满洲也。于有意接近，而反受种种之侮辱，如钱谦益之流，则以贾瑞代表之。瑞字天祥，言其为假文天祥也(文小字宋瑞)。头上浇粪手中落镜，言其身败名裂而至死不悟也(徐巨源编一剧，演李太虚及龚芝麓降李自成后，闻清兵入，急逃而南至杭州。为追兵所蹑，匿于岳坟铁铸秦桧夫人跨下，值夫人方月事，追兵过而出，两人头皆血污，与本书浇粪同意)。叙娩婳将军林四娘，似以代表起义师而死者；叙尤三姐，似以代表不屈于清而死者；叙柳湘莲，似以代表遗老之隐于二氏者。

书中女子，多指汉人；男子多指满人。不独女子是水作的骨肉，男人是泥作的骨肉，与汉字、满字有关也。我国古代哲学，以阴阳二字说明一切对待之事物。《易·坤卦·彖传》曰:“地道也,妻道也,臣道也。”是以夫妻君臣分配于阴阳也。《石头记》即用其义。第三十一回:“湘云说,比如天是阳,地就是阴;比如一棵树叶儿,那边向上朝阳的就是阳,这边背阴覆下的就是阴;走兽飞禽,雄为阳,雌为阴。翠缕道:‘怎么东西都有阴阳,咱们人倒没有阴阳呢?’又道:‘知道了,姑娘是阳,我就是阴。’又道:‘人家说主子为阳,奴才为阴。我连这个大道理也不懂得。’”是男为阳,主子亦为阳;女为阴,奴才亦为阴,本书明明揭出。清制:对于君主,汉(满)人自称奴才,汉人自称臣。臣与奴才,并无二义。(《说文解字》:臣字象屈服之形,是古义亦然。)以民族之对待言之,征服者为主,被征服者为奴。本书以男女影满汉,以此。

贾宝玉言伪朝之帝系也。宝玉者,传国玺之义也,即指胤礽。《东华录》:康熙四十八年三月,以复立皇太子告祭天坛文曰:“建立嫡子胤礽为皇太子。”又曰:“朕诸子中,胤礽居贵。”是胤礽生而有为皇太子之资格,故曰衔玉而生。胤礽之被废也,其罪状本不甚征实。康熙四十七年九月,谕曰:“胤礽肆恶虐众,暴戾淫乱,难出诸口。”又曰:“胤礽同伊属下人等,恣行乖戾,无所不至,令朕赧于启齿。又遣使邀截外藩入贡之人,将进御马匹,任意攘取,以致蒙古俱不心服。”又曰:“知胤礽赋性奢侈,著伊乳母之夫凌普为内务府总管,俾伊便于取用。”又曰:“朕历览史书,时深儆戒,从不令外间妇女,出入宫掖,亦从不令姣好少年,随侍左右。今皇太子所行若此,朕实不胜愤懑。”《石头记》三十三回,叙宝玉被打,一为忠顺亲王府长史索取小旦琪官事,二为金钏儿投井,贾环谓是宝玉拉着太太的丫头金钏儿,强奸不遂,打了一顿,那金钏儿便赌气投井死了。

琪官事与姣好少年等语相关。忠顺王疑影外藩。长史曾揭出琪官赠红汗巾事,疑影攘取马匹事,相传名马有出汗如血者故也。曰"暴戾淫乱,难出诸口",曰"赧于启齿",曰"从不令外间妇女出入宫掖,今皇太子所行若此"。是当时罪状中颇有中冓之言,即金钏儿之事所影也。

胤礽之罪状又有曰:"近观胤礽行事,与人大有不同。昼多沉睡,夜半方食。饮酒数十巨觥不醉。每对越神明,则惊惧不能成礼。遇阴雨雷电,则畏沮不知所措。居处失常,语言颠倒,竟类狂易之疾,似有鬼物凭之者。"又曰:"今忽为鬼魅所凭,蔽其本性,忽起忽坐,言动失常。时见鬼魅,不安寝处,屡迁其居,啖饭七八碗,尚不知饱;饮酒二三十觥,亦不见醉。匪特此也,细加询问,更有种种骇异之事。"又曰:"胤礽居撷芳殿,其地险黯不洁,居者辄多病亡。胤礽时常往来其间,致中鬼魅,不自知觉。以此观之,种种举动,皆有鬼物使然,大是异事。"十一月谕曰:"前灼见胤礽行事颠倒,以为鬼物所凭。"又曰:"今胤礽之疾,渐已清爽。召见两次,询问前事,胤礽竟有全然不知者,深自愧悔。"又言:"'我幸心内略明,犹惧父皇闻知治罪。未至用刀刺人;如或不然,必有杀人之事矣。'观彼虽稍清楚,其语仍略带疯狂。朕竭力调治,果蒙天佑,狂疾顿除。"又曰:"十月十七日,查出魇魅废皇太子之物。服侍废皇太子之人奏称:是日,废皇太子忽似疯颠,备作异状,几至自尽。诸宫侍抱持环守。过此片刻,遂复明白。废皇太子亦自惊异,问诸宫侍:'我顷者作何举动?'朕从前将其诸恶,皆信为实。以今观之,实被魇魅而然,无疑也。"四十八年二月谕曰:"皇太子胤礽,前染疯疾,朕为国家而拘禁之。后详查被人镇魇之处,将镇魇物俱令掘出,其事乃明。今调理痊愈，始行释放。今譬有人，因染疯狂，持刀砍人，安可不行拘执？若已痊愈，又安可不行释放？”四月谕曰：“大阿哥镇魇皇太子及诸阿哥之事，甚属明白。”又曰：“见今镇魇之事，发觉者如此；或和尚道士等，更有镇魇之处，亦未可定。日后发觉，始知之耳。”显亲王衍潢等遵旨会议：喇嘛巴汉格隆等咒魇皇太子情实，应将巴汉格隆、明佳噶卜楚、马星噶卜楚、鄂克卓特巴俱凌迟处死。皇长子护卫啬楞雅突，明知大逆之事，乃敢同行；又雅突将皇长子复行咒魇。再此案内又有察苏齐引诱宗室格隆陶州胡土克图行咒魇之事。

案《石头记》第三十三回：“贾政斥宝玉道：‘好端端的，你垂头丧气，咳些什么？方才雨村来要见你，叫你半天才出来。既出来了，全无一点慷慨挥洒谈吐，仍是葳葳蕤蕤，我看你脸上一团思欲愁闷气色，这会又咳声叹气。’”九十五回：“失玉以后，宝玉一日呆似一日，也不发烧，也不疼痛，只是吃不像吃，睡不像睡，甚至说话都无头绪。”与胤礽罪状中之居处失常，语言颠倒，及言动失常，不安寝处等语相应。第廿五回：“宝玉汤了脸，有宝玉寄名的干娘马道婆向贾母道：‘那经典佛法上说的利害，大凡王公卿相人家的子弟，只一生长下来，暗里便有许多促狭鬼跟着他。’”与胤礽罪状中鬼物凭之时见鬼魅等语相应。又叙宝玉被魇，有云：“拿刀弄杖，寻死觅活。”叙王熙凤被魇，有云：“手持一把明晃晃钢刀，砍进园来，见鸡杀鸡，见狗杀狗，见人就要杀人。周瑞媳妇忙带着几个有力量的胆壮的婆娘，上去抱住，夺下刀来，抬回房去。”与胤礽所谓未至用刀杀人，及服侍之人称是日废皇太子忽患疯颠，几至自尽，诸宫侍抱持环守相应。八十一回：“宝玉道：‘我记得病的时候儿，好好的站着，倒像背地里有人把我拦头一棍，疼得眼睛前头漆黑，看见满屋子里，都是些青面獠牙拿刀举棒的恶鬼。躺在炕上，觉在脑袋上加了几个脑箍是的。以后便疼的任什么不知道了。'凤姐道：'我也全记不得。但觉自己身子不由自主，倒像有些鬼怪拉拉扯扯，要我杀人才好。有什么拿什么。自记原觉很乏，只是不能住手。'"亦与胤礽案所谓备作异状，全然不知持刀斫人等语相应。又说："马道婆破案，为潘三保事，送到锦衣府去，问出许多官员大户家太太姑娘们的隐情事来。把他家内一抄，抄出几篇小账，上面记着某家验过，应找银若干。"与胤礽以外，复有皇长子及宗室等案，及所谓和尚道士等更有魇魅等事，亦未可定等语相应。行魇魅者，巴汉格隆等，皆喇嘛，故以马道婆代表之。马与嘛同音也。八十一回又称"马道婆身边搜出匣子，里面有象牙刻的一男一女，不穿衣服，光着身子的两个魔王"，亦与相传喇嘛教中之欢喜佛相等。马道婆之代表喇嘛也无疑。《东华录》康熙四十七年九月谕云："胤礽幼时，朕亲教以读书，继令大学士张英教之，又令熊赐履教以性理诸书，又令老成翰林官随从云云。"《石头记》常言"贾政逼宝玉读书"。第八回："秦锺因去岁业师回南，在家温习旧课。其父秦邦业知贾家塾中司塾的乃贾代儒（伪朝之儒也），现今之老儒。"第九回："贾政对李贵道：'你去请学里太爷的安，就道我说的：什么《诗经》古文，一概不用虚应故事，只是先把《四书》一齐讲明背熟，是最要紧的。'"第八十一回："贾政道：'前儿倒有人和我提起一位先生来，学问人品都是极好的。也是南边人。'又道：'如今儒大太爷虽学问也只中平，但还弹压得住这些小孩子们。'"八十二回称"贾代儒为老学究"。又："宝玉讲后生可畏一章，讲到不要弄到，说到这里，向代儒一瞧，代儒说：‘讲书是没有什么避忌的。’宝玉才说：‘不要弄到老大无成。’”均与性理诸书老成翰林等相应。又熊赐履湖北人，张英安徽人。所谓南边人，殆指张熊等。

胤礽以康熙十四年十二月被立为皇太子，四十七年九月被废；四十八年三月复立，五十一年十一月复废。自第一次被废以至复立，为时不久，而又悉归咎于魇魅。故《石头记》中仅以三十三回之笞责及二十五回之魇魔形容之。二十五回中，言“宝玉虽被迷污，经和尚摩弄一回，依旧灵了”。即虽废旋复之义。至九十四回之失玉，乃叙其终废也。至和尚还玉事等，殆无关本事。

胤礽之被废，由于兄弟之倾轧。《东华录》所载主动者为胤禔胤禩二人。《石头记》九十四回，于失玉以前，先叙海棠既萎而复开：“贾母道：‘花儿应在三月里开的，如今是十一月。’”三月及十一月，与复立复废之月相应。又：“黛玉说花开之因道：‘当初田家有荆树一颗，三个弟兄，因分了家，那荆树便枯了。后来感动了他弟兄们，仍旧归在一处，那颗树也就发了。’”既说弟兄，又说三个与胤礽胤禔胤禩三人相应。

《石头记》叙巧姐事，似亦指胤礽。巧与礽字形相似也。九十二回评女传，巧姐慕贤良，即熊赐履等教胤礽以性理诸书也。一百十八回，记微嫌舅兄欺弱女，贾环贾芸欲卖巧姐于藩王，即指胤礽为胤禔胤禩所卖事。宝玉被打，由贾环诉说金钏儿事；宝玉被魇，由贾环之母赵姨娘主使；巧姐被卖，亦由贾环主谋。与胤禔之陷胤礽相应。其事又有亲舅舅王仁与闻之。《红楼梦曲》中亦云：“休似俺那爱银钱忘骨肉的很舅奸兄。”与胤礽案中有所谓舅舅佟国维者相应。《东华录》：康熙四十八年正月，上曰：“‘胤禩乃胤禔之党，胤禔曾奏言请立胤禩为太子，伊当辅之。’又曰：‘此事必舅舅佟国维大学士马齐以当举胤禩默示于众。’”二月，谕舅舅佟国维曰“尔曾奏，皇上凡事断无错误之处，此事关系重大，日后易于措处则已；倘日后难于措处，似属未便”等语。又曰：“因有舅舅所奏之言，及群下小人就中肆行捏造言词，所以大臣侍卫官员等，俱终日忧虑，若无生路者。中心宽畅者，惟大阿哥八阿哥耳。”又曰：“舅舅前启奏时，外间匪类，不知其故，因盛赞尔云：如此方谓之国舅大臣，不惧死亡，敢行陈奏。今尔之情形毕露，人将谓尔为何如人耶？”《石头记》一百十八回：“王仁拍手道：‘这倒是一种好事，又有银子。只怕你们不能，若是你们敢办，我是亲舅舅，做得主的。’”第一百十九回：“事败后，吓得王仁等抱头鼠窜的出来。”与《东华录》之佟国维相应。康熙四十八年四月谕曰：“胤禔之党羽，俱系贼心恶棍，平日斗鸡走狗，学习拳勇，不顾罪戾，惟务诱取银钱。”故《石头记》亦有爱银钱的奸兄语。

林黛玉，影朱竹垞也。绛珠影其氏也。居潇湘馆，影其竹垞之号也。竹垞生于秀水，故绛珠草长于灵河岸上。“竹垞客游南北，必橐载十三经二十一史以自随。已而游京师，孙退谷过其寓，见插架书，谓人曰：‘吾见客长安者，务攀援驰逐；车尘蓬勃间，不废著述者，惟秀水朱十一人而已。’”（见陈廷敬所作墓志。）《石头记》第十六回：“黛玉带了许多书籍来。”四十回：“刘老老到潇湘馆，因见窗下案上设着笔砚，又见书架上磊着满满书。刘老老道：‘这必定是那一位哥儿的书房了。’贾母笑指黛玉道：‘这是我这外孙女儿的屋子。’刘老老留神打量了林黛玉一番，方笑道：‘这那里像个小姐的绣房，竟比那上等的书房还好。’”以此。竹垞尝与陈其年合刻所著曰《朱陈村词》，流传入禁中。故黛玉与史湘云凹晶馆联句。竹垞入直南书房，旋被劾，镌一级罢，寻复原官。其被劾之故，全谢山谓因携仆钞《永乐大典》。竹垞所作《咏古》二首云："汉皇将将屈群雄，心许淮阴国士风。不分后来输绛灌，名高一十八元功。""海内词章有定称，南来庾信北徐陵。谁知著作修文殿，物论翻归祖孝征。"诗意似为人所卖。《石头记》中凤姐掉包事，疑即指此。七十回，宝钗、探春、湘云、宝琴均替宝玉临字，而于黛玉一方面，但云"紫鹃送一卷小楷"，疑影携仆写书事。

薛宝钗，高江村也（徐柳泉已言之）。薛者雪也。林和靖咏梅有曰："雪满山中高士卧，月明林下美人来。"用薛字以影江村之姓名也。（高士奇）

《啸亭杂录》曰：高江村家贫，鬻字为活。纳兰太傅爱其才，荐入内廷。仁庙亦爱之，遇巡狩出猎，皆命江村从。故江村诗曰："身随翡翠丛中列，队入鹅黄带里行。"盖纪实也。江村性趫巧，遇事先意承旨，皆惬圣怀。一日，上出猎，马蹶，意殊不怿。江村闻之，故以潴泥污其衣，入侍，上怪问之，江村曰："适落马坠积潴中，未及浣也。"上大笑曰："汝辈南人，懦弱乃尔。适朕马屡蹶，竟未坠。"意乃释然。又尝从登金山，上欲题额，濡毫久之。江村拟"江天一览"四字于掌中，趋前磨墨，微露其迹。上如所拟书之。其迎合类如此。《檐曝杂记》曰："江村初入都，自肩襆被，进彰仪门。后为明相国司阍者课子。一日，相国急欲作书数函，仓卒无人，司阍以江村对。即呼入，援笔立就。相国大喜，遂属掌书记。后入翰林，直南书房，皆明公力也。江村才本绝人，既居势要，家日富，则结近侍，探上起居，报一事酬以金豆一颗。每入直，金豆满荷囊；日暮，率倾囊而出。以是宫廷事,皆得闻。或觇知上方阅某书,即抽某书翻阅,偶天语垂问,辄能对大意,以是圣祖益爱赏之。”郑方坤《本朝诗抄小传》曰:“江村年十九,之京师,以诸生就京闱试,不利,落魄羁穷,卖文自给。新岁,为人书春帖子,往往自作联句,用写其幽忧牢落之怀。偶为圣祖所见,大加击节,立召见。”案《石头记》,写宝钗处处周到,得人欢心,自薛姨妈、贾母、王夫人、湘云、岫烟,以至袭人辈,无不赞叹,并黛玉亦受其笼络。即所谓性趫巧善迎合之影子也。宝钗以金锁配宝玉,谓之“金玉良缘”。其嫂曰夏金桂;其婢曰黄金莺;莺儿为宝玉结络,以金线配黑珠儿线,皆以金豆探起居之影子也。宝钗最博雅。二十二回,点鲁智深醉闹五台山,为宝玉诵《寄生草》曲词,宝玉赞他无书不知。第三十回:“宝玉道:‘姐姐通今博古,色色都知道。’”七十六回:“湘云用棔字。黛玉说:‘亏你想得出。’湘云道:‘幸而昨日看《历朝文选》,见了只个字。我不知何树,因要查一查。宝姐姐说不用查,只就是如今俗叫做朝开夜合花。我信不及,到底查了一查,果然不错。看来宝姐姐知道的竟多。’”即其翻书备对之影子也。第一回,称:“穷儒贾雨村一身一口,在家乡无益,因进京求取功名。自前岁来此,又淹蹇住了,暂寄庙中,每日卖文作字为生。”即江村襆被进都、鬻字为活之影子也。“贾雨村高吟一联,曰:‘玉在椟中求善价,钗于奁内待时飞。’恰值士隐走来听见,笑道:‘雨村兄真抱负不凡也。’”即联句被赏之影子也。四十七回:“薛蟠遭湘莲苦打,遍身内外滚的似泥母猪一般”,又说“那里爬的上马去”,即江村自称落马堕积潴中之影子也。

江村所作《塞北小钞》曰:二十二年,六月十二日,扈跸出东直门云云。偶患暑气,上命以冰水饮益元散二碗,方解。甲申,上曰:

“尔南人，为何亦饮冰水?”士奇曰:“天气炎热，非冰莫解。”上曰:“朕闻南人殊不畏暑。”士奇曰:“南人从来畏暑，故有吴牛见月而喘之语。”上大笑。案《石头记》第七回:“宝钗对周瑞家的说:‘我这是从胎里带来的一般热毒。’”又说:“癞头和尚所说的方，叫做冷香丸。”第三十回:“宝玉道:‘姐姐怎么不看戏去?’宝钗道:‘我怕热。看了两出，热得很。要走，客又不散;我不得不推身上不好，就来了。’宝玉笑道:‘怪不得他们拿姐姐比杨贵妃，原也体胖怯热。’”与《塞北小钞》语相应。(《庄子》:“早受命而夕饮冰，我其内热与!”所谓胎里带来热毒，亦兼热中之讽。)

《汉名臣传》云:康熙廿七年，法司逮问贪黩劾罢之巡抚张汧。因汧未被劾时，曾遣人赍报赴京。诘其行贿何人?初以分馈甚众，不能悉数抵塞，既而指出士奇，奉谕置勿问。士奇疏请归田，得旨，以原官解任。廿八年，从上南巡。至杭州，驾幸士奇之西溪山庄，赐御书竹窗扁额。九月，左都御史郭琇疏劾之，曰:“有植党营私，招摇撞骗，如原任少詹事高士奇、左都御史王鸿绪等，表里为奸。”又曰:“高士奇出身微贱，其始也徒步来京，觅馆为生。皇上因其字学颇工，不拘资格，擢补翰林，令入南书房供奉。”又曰:“士奇日思结纳，谄附大臣，揽事招权，以图分肥。凡大小臣工无不知有士奇之名。”又曰:“久之羽翼既多，遂自立门户，结王鸿绪为死党，科臣何楷为义兄弟，翰林陈元龙为叔侄，鸿绪胞兄王顼龄为子女姻亲。俱寄以腹心，在外招揽。凡督抚藩臬道府厅县，以及在内之大小卿员，皆王鸿绪何楷等为之居停哄骗。而夤缘照管者，馈至成千累万，即不属党护者，亦有常例，名曰平安钱。盖士奇供奉日久，势焰日张，人皆谓之门路真，而士奇遂亦自忘乎其为撞骗，亦居之不疑，曰:‘我之门路真。’”又曰:“光棍俞子易,在京肆横有年,惟恐事发,潜遁直隶、天津、山东、洛口地方,有虎坊桥瓦屋六十余间,价值八千金,馈送士奇,求托照拂。此外顺成门斜街并各处房屋,总令心腹出名置买,何楷代为收租。打磨场士奇之亲家陈元龙伙计陈季芳,开张缎号,寄顿贿银,资本约至四十余万。又于本乡平湖县置田产千顷,大兴土木,修整花园;杭州西湖,广置园宅。苏、松、淮、扬,王鸿绪与之合伙生理,又不下百余万。”又曰:“圣驾南巡时,上谕严诫馈送,定以军法治罪,谁敢不遵。惟士奇与王鸿绪愍不畏死,即淮、扬等处,王鸿绪招揽府厅各官,约馈黄金,潜遗士奇。淮扬如此,则他处又不知如何索诈矣。”云云。得旨:“高士奇、王鸿绪、陈元龙俱著休致回籍,王顼龄何楷著留任。”《东华录》:“康熙二十八年,吏部议:左副都御史许三礼奏参,原任刑部尚书徐乾学与高士奇招摇纳贿。查徐乾学与高士奇招摇纳贿之处,并无实据。”许三礼又奏参乾学,有云:“乾学伊弟拜相之后,与亲家高士奇更加招摇,以致有五方宝物归东海,万国金珠贡澹人之对。”云云。案《石头记》第四回:“门子递与雨村一张护官符,上面皆是本地大族名宦之家的谚俗口碑,云:‘贾不假,白玉为堂金作马。阿房宫,三百里,住不下金陵一个史。东海缺少白玉床,龙王来请金陵王。丰年好大雪,珍珠如土金如铁。’”即许三礼疏中“五方”“万国”之对之影子也。门子又道:“这四家皆连络有亲,一损俱损,一荣俱荣,扶持遮饰,皆有照应的。今告打死人之薛,就是丰年大雪之雪也。不单靠三家,他的世交亲友在都在外省本亦不少。”此即郭琇疏中死党、义兄弟、叔侄、子女姻亲及许疏中亲家等种种关系之影子也。第四回称:“薛公子亦金陵人氏,家中有百万之富,现领着内帑钱粮采办杂料，虽是皇商，一应经纪世事，全然不知，不过赖祖父旧日情分，户部挂个虚名，支领钱粮。其余事体，自有伙计老人家等措办。”又云：“自薛蟠父亲死后，各省中所有的买卖承局总管伙计人等，便趁时拐骗起来。京都几处生意，渐亦销耗。”又云：“薛蟠要亲自入都，销算旧帐，再计新支。因此早已检点下行装细软，以及馈送亲友各色土物人情等类。”第十三回：“秦可卿死后，薛蟠表弟因见贾珍寻好板，便说我们本店里有一付板，叫作什么樯木。”第四十八回：“各铺面伙计，内有算年帐要回家的，内有一个张德辉，自幼在薛蟠当铺内揽总，说起‘今年纸札香扇短少，明年必是贵的。明年，先打发大小儿上来，当铺照管照管，赶端阳前，我顺路就贩些纸札香扇来卖’。薛蟠心下忖度，不如也打点本钱，和张德辉逛一年来。”第六十六回：“薛蟠说：‘我同伙计贩了货物，自春天起身，往回里走，一路平安。谁知到了平安州地方，遇见一伙强盗，已将东西劫去。不想柳二弟从那边来，方把贼人赶散，夺回货物，还救了我们的性命。’”第六十七回：“管总的张太爷，差人送了两箱子东西来。薛蟠说：‘特的给妈妈合妹子带来的东西。’一箱都是绸缎、绫锦、洋货等家常应用之物，一箱却是些笔墨纸砚、各色笺纸、香袋香珠、扇子扇坠、花粉胭脂等物。外有虎邱带来的自行人酒令儿，水银灌的打筋斗小小子，沙子灯，一出一出的泥人儿的戏，用青纱罩的匣子装着。又有在虎邱山上泥捏的薛蟠小像。薛姨妈将箱子里的东西取出，一分一分的送给贾母并王夫人。宝钗将那些顽意儿一件一件的过了目，除了自己留用之外，一分一分的配合妥当，使莺儿同着一个老婆子跟着送往各处。宝玉到黛玉处，见堆着许多东西，就知道是宝钗送来的，便取笑说道：‘那里这些东西，不是妹妹要开杂货铺啊！'"第五十七回："邢岫烟把绵衣服当了。宝钗问：'当在那里？'岫烟道：'叫做甚么恒舒了，是鼓楼西大街。'宝钗笑道：'闹在一家去了。伙计们倘或知道了，好说人没过来，衣裳先到了。'岫烟听说，便知是他家的本钱。"第四十五回："黛玉对宝钗道：'你如何比得我，你这里有地土买卖，家里又仍旧有房有地。'"均与郭琇疏中所谓房屋、田产、园宅、缎号、资本及馈送等事相应。薛蟠在平安州遇盗，与平安钱相应。

探春，影徐健庵也。健庵名乾学，乾卦作☰，故曰三姑娘。健庵以进士第三人及第，通称探花，故名探春。健庵之弟元文入阁，而健庵则否，故谓之庶出。然许三礼劾健庵，一则曰"胆恃胞弟徐元文钦点入阁"，再则曰"伊弟拜相之后，与亲家高士奇更加招摇，以致有'去了余秦桧（指余国柱），来了徐严嵩。乾学似庞涓，是他大长兄'之谣。又有'五方宝物归东海（徐氏），万国金珠贡澹人'之对"。是健庵虽不入阁，而其时亦有炙手可热之势。故《石头记》第五十五回："凤姐儿道：'好个三姑娘，我说不错，只可惜他命薄，没托生在太太肚里。'平儿笑道：'他便不是太太养的，难道谁敢小看他，不与别的一样看待么？'"又"凤姐病中，王夫人命探春合同李纨协理，又请了宝钗来。他三人一理，更觉比凤姐当权时倒更谨慎了些。因而里外下人都暗中抱怨，说刚刚倒了一个巡海夜叉，又添了三个镇山太岁"。此即影射去了余秦桧，来了徐严嵩一谣也。

韩慕庐所作《徐健庵行状》，有云："吴中文社故盛，公为之领袖。"又云："壬子主试顺天，以独赏为公鉴，往往怜收既落之才。即遗卷中有一佳言迥句，咨嗟吟讽，以失之为恨。"又云："公故负海内望，而勤于造进，笃于人物。一时庶几之流，奔走辐辏如不及。山林遗逸之老，不远千里，乐从公。后生之才进者，延誉荐引，无虚日。"案《石头记》有秋爽斋偶结海棠社，指此。又二十七回："探春属宝玉道：'这几个月我又攒下有十来串钱了，你还拿了去，明儿出门逛去的时候，或是好字画，好轻巧顽意儿，替我带些来。'又道：'怎么像你上回买的那柳枝儿编的小篮子，真竹子根挖的香盒儿，胶泥垛的风炉儿，这就好了。'"即以表其延揽文士之故事也。

《行状》又云："尝请崇节俭，辨等威，因申衣服之禁，使上下有章。"案《石头记》第二十七回："探春属宝玉带轻巧顽意儿，拣那朴而不俗、直而不拙的。又道：'我还像上回的鞋，做一双你穿，比那双还加功夫，如何呢？'宝玉道：'那回穿着，可巧遇见老爷，说何苦来虚耗人力，作践绫罗。'……赵姨娘抱怨的了不得，正经兄弟，鞋蹋撸袜蹋撸的……探春道：'什么！我是做鞋的人么？环儿难道没有分例的？衣裳是衣裳，鞋袜是鞋袜。'"盖影射此事。

《憺园集》有："赐览皇太子书法，奏称：'皇太子历年亲写所读书本及临摹楷法，共大小八箧有奇。'"案《石头记》七十回："探春每日临一篇楷字与宝玉。"影此。

健庵叠被弹劾，于康熙二十九年回里。许以书局自随，僦居洞庭东山。《石头记》一百回至一百二回，历叙探春远嫁。第五回："画着两人放风筝，一片大海，一只大船，船中有一女子掩面泣涕之状。诗曰：'清明涕送江边望，千里东风一梦遥。'"皆指此（《行状》曰："再疏乞骸骨，上允所请。时已仲冬，命且过冬行。二十九年春，抵家。"诗中清明字指此）。

王熙凤，影余国柱也。王即柱字偏旁之省，国字俗写作国，故熙凤之夫曰琏，言二王字相连也（楷书"王""玉"同式）。国柱曾为户部尚书,故贾琏行二。且贾氏财政,由熙凤管理。国柱曾为江宁巡抚,故熙凤协理宁国府。《汉名臣传》云:“康熙二十八年三月,给事中何金蘭《疏》言:‘凡解职解任官仍居原任地方,例有明禁。余国柱曾为江宁巡抚,洊陟大学士,不思竭忠图报,黩货无厌,秽迹彰闻。荷恩放归里。乃被黜后,挟辎重往江宁省城,购买第宅,广营生计,呼朋引类,垄断攫金,借势招摇,显违禁例。乞饬部严议。’事下两江总督,传拉搭察讯,以留恋原任地方,购买第宅,并设立钱店典铺。覆奏。刑部拟杖折赎,诏免罪,趣回籍。寻卒于家。”《石头记》第五回,有金陵十二钗正副册,正册中有一片冰山,上有一只雌凤。其判语有云:“哭向金陵事更哀。”五十四回:“女先儿说书,说残唐之时,有一位乡绅,本是金陵人氏,名唤王忠(忘忠),曾做两朝宰辅,如今告老回家,膝下只有一位公子,名唤王熙凤。”第一百一回:“散花寺神签,正面写着王熙凤衣锦荣归。大了道:‘奶奶最是通今博古的,难道汉朝的王熙凤求官的一段事,也不晓得?’签文云:‘去国离乡二十年,于今衣锦返家园。蜂采百花成蜜后,为谁辛苦为谁甜?’大了道:‘奶奶自幼在这里长大,何曾回南京去了?如今老爷放了外任,或者接家眷来,顺便还家,奶奶可不是衣锦还乡了?’宝钗道:‘据我看,这衣锦还乡四字里头,还有缘故。’”第百十四回“王熙凤历劫返金陵”:“王夫人打发人来说,琏二奶奶没有住嘴,说些胡话,要船要轿的,说到金陵归入册子去。”皆指被黜后仍居江宁也。第一百五回“锦衣军查抄宁国府”:“赵堂官说:‘贾赦贾政并未分家;闻得他侄儿贾琏现在承总管家,不能不尽行查抄。’”又云:“有一起人回说:‘东跨房查出两箱房地契文,一箱借票,都是违例取利的。’王爷道:‘番役呈禀有禁用之物,并重利欠票。’两家王子问贾政道：‘所抄家赀内，有借券，实系盘剥，究是谁行的？’贾琏忙走上跪下禀道：‘这一箱文书，既在奴才屋内抄出来，敢说不知道么？’”第一百六回：“贾政问贾琏道：‘那重利盘剥，究竟是谁干的？况且非咱们这样人家所为。’”又：“凤姐对平儿说：‘虽说事是外头闹得，我若不贪财，如今也没有我的事。’”皆与何《疏》相应也。

国柱曾于康熙二十七年为御史郭琇所劾，称其“在内阁票拟，承顺大学士明珠指麾，轻重任意，与尚书佛伦等结党把持。督抚藩臬缺出，展转援引，总揽贿赂。保送学道及科道内陞出差，率皆居功要索”云云。《石头记》中，叙凤姐逢迎贾母王夫人，无微不至，而营私弋利等事，亦层见叠出。例如二十七回：“且说王凤姐自见金钏儿死后，忽见几家仆人，常来孝敬他些东西，又不时来请安奉承，自己倒生了疑惑，不知何意。这日又见人来孝敬他东西，因晚间无人时，笑问平儿。平儿冷笑道：‘我猜他们女儿都必是太太房里的丫头。如今太太房里有四个大的，一个月一两银子的分例，下剩的都是一个月只几百钱。如今金钏儿死了，必定他们要弄这一两银子的巧宗儿呢！’凤姐听了笑道：‘……也罢了，他们几家的钱，也不能容易化到我跟前。这是他们自寻的，送什么来，我就收什么。横竖我有主意。’凤姐儿安下这个心，所以只管耽延着。等那些人把东西送足了，然后乘空方回王夫人。”云云。十六回：“贾琏的乳母赵嬷嬷，替两个儿子求事情道：‘……倒是来和奶奶说，是正经，靠着我们爹，只怕我还饿死了呢。’”又：“凤姐忙向贾蔷道：‘我有两个在行妥当人，你就带他们去办，这倒便宜了你呢。’贾蔷忙陪笑道：‘正要和婶娘讨两个人呢，这可巧了。’贾蓉悄悄的向凤姐道：‘婶娘要什么东西，分付了，开个账儿，给我兄弟带去，按账置办了来。'"二十四回:"贾芸见了贾琏,因打听可有什么事情。贾琏告诉他道:'前儿倒有一件事情出来,偏生你婶娘再三求了我,给了贾芹了。他许我说,明儿园里还有几处要栽花木的地方,等这个工程出来,一定该你就是了。'"又:"贾芸送香料后,凤姐道:'……怪道你叔叔常提起你来……'贾芸问道:'原来叔叔也常提我的?'凤姐见问,便要告诉给他事情管的话,一想,又恐被他看轻了,只说得了这点香料儿,便混许他管事了,因又止住,且把派他种花木工程等事,都一字不提。至次日,凤姐上车,见贾芸来,便命人唤住,隔窗子笑道:'芸儿,你竟有胆子,在我跟前弄鬼。怪道你送东西给我,原来你有事求我!昨日你叔叔才告诉我,说你求他。'贾芸笑道:'求叔叔的事,婶娘休提,我这里正后悔呢!早知这样,我一起头,就求婶娘,这会子也就完了。谁承望叔叔竟不能的。……'凤姐冷笑道:'你们要拣远路儿走,叫我也难。早告诉我一声,什么不成了。多大点事儿,耽误到这会子。那园子里还要种树种花,我只想不出个人来,早说不早完了。'贾芸笑道:'这样,明日婶娘就派我罢。'凤姐半晌道:'这个我看着不大好,等明年正月里的烟火灯烛,那个大宗儿下来,再派你罢。'贾芸道:'好婶娘,先把这个派了我罢。果然这件办的好,再派我那件。'凤姐笑道:'你倒会拉长线儿。罢了,若不是你叔叔说,我不管你的事……你到午初时候,来领银子,后来就进去种花。'"又十四回:"凤姐到水月庵中,老尼说张金儿退婚事道:'……我想如今长安节度使云老爷,与府上相契,要求太太与老爷说声,发一封书,求云老爷和那守备说一声,不怕他不依。若是肯行,张家连倾家孝顺,也都情愿。'凤姐笑道:'这事倒不大,只是太太再不管这样的事。'老尼道:'太太不管,奶奶可以主张了。'凤姐笑道:‘我也不等银子使,也不做这样的事。’……凤姐道:‘……凭说这么事,我说要行就行。你叫他送二三千两银子来,我就替他出这口气……我比不得他们扯篷拉纤的图银子,这三千两银子,不过是给打发去说的小厮们作盘缠,使他赚几个辛苦钱,我一个钱也不要。便是三万两,我此刻还拿得出来。’……凤姐便将昨日老尼之事悄悄的说与来旺儿。旺儿心中早已明白,急忙进城,招着主文的相公,假托贾琏所属,修书一封,连夜往长安县来。不过百里之遥,两日工夫,俱已妥协。那节度使名唤云光,久欠贾府之情,这些小事,岂有不允之理?给了回书。”皆与郭琇所劾相应也。

国柱在江宁巡抚任,曾疏请增设机房四十二间,制造宽大缎匹。得旨:“宽大缎匹,非常用之物,何为劳民糜费,斥所奏不行。”案《石头记》第三回:黛玉初到时,“熙凤道:‘刚才带了人到后楼上找缎子,找了半日,也没见昨日太太说的那样,想是太太记错了?’王夫人道:‘有没有,什么要紧。’因又说道:‘该随手拿出两个来,给你妹妹裁衣裳的。等晚上想着,再叫人去拿罢。’熙凤道:‘倒是我先料着了,知道妹妹这两日到的,我已预备下了。等太太回去过了目,好送来。’”七十二回:“凤姐道:‘昨儿晚上梦见一个人找我,说娘娘打发他来,要一百匹锦。’”均影此。

国柱于康熙十八年礼科掌印给事中任内,劾浙江水师提督常进功“年老耳聋,非大声高呼,不闻一语,恐秘密军机,因之泄露,所关匪细”。《疏》下部察议,罢进功任。案《石头记》第五十四回:“凤姐儿笑道:‘再说一个过正月节的。几个人拿着房子大的炮仗往城外去放,引了上万的人跟着瞧去。有一个性急的人,等不得,便偷着拿香点着。只听见扑嗤的一声,众人哄然一笑,都散了。这抬炮仗的人抱怨卖炮仗的干的不结实，没等放就散了。’湘云道：‘难道本人没听见？’凤姐儿道：‘本人原是个聋子。’……凤姐儿笑道：‘咱们也该聋子放炮仗，散了罢。’”又第二十七回：“凤姐又笑道：‘林之孝两口子都是锥子札不出一声儿来的。我成日家说他们倒是配就了的一对夫妻：一个天聋，一个地哑。’”皆影此。

国柱于顺治九年成进士，然其文辞不多见。其同时诸人著作中，惟陈其年骈文有大冶余国柱一序。案《石头记》中，王熙凤不甚识字。如四十五回：“探春等要请凤姐做监社御史，凤姐笑道：‘我又不会做什么湿的干的。’……探春道：‘你虽不会做，也不要你做。’”五十回：“凤姐儿道：‘既这样说，我也说一句在上头。’……李纨将题目讲与他听。凤姐儿想了半日，笑道：‘你们别笑话我，我只有一句粗话。’”七十回：“凤姐因理家常久，每每看帖看帐，也颇识得几个字了。”四十二回：“宝钗笑道：‘幸而凤丫头不认得字，不大通，一概是市俗取笑。’”大约因国柱非文学家，故以不识字形容之。

史湘云，陈其年也。其年又号迦陵。史湘云佩金麒麟，当是其字陵字之借音。氏以史者，其年尝以翰林院检讨纂修《明史》也。名以湘云，又号枕霞旧友，当皆以其狎紫云故。蒋永修所作《陈检讨迦陵先生传》曰：“尝嬖歌童云郎，云亡睹物辄悲，若不自胜者。”又蒋景祁所作《迦陵先生外传》曰：“先生寓水绘园，欲得紫云侍砚，冒母马太夫人靳之，必得梅花百咏乃可，雪窗一夕走笔遂成之。”可以见其年与紫云之关系矣。

徐健庵所作《陈检讨维崧墓志铭》：“京师自公卿下，无不藉藉其年名倾慕愿交者。然其年所居在城北市廛，庳陋才容膝。蒲帘土锉，摊书其中而观之。歠菽啖饭，沉思经籍。有余无问所从来，时时匮乏，困卧而已……君修髯，美丰仪，风流俶傥……君门阀清素，为人恂恂谦抑，襟怀坦率，不知人世有险巇事。”又徐健庵作《湖海楼集序》曰：“其年检讨，阳羡贵公子，与余相识，在戊亥之间。尝下榻憺园，流连欢剧。每际稠人广坐，伸纸援笔，意气扬扬，旁若无人。”案《石头记》常写史湘云之爽直。如第五回《红楼梦曲》(《乐中悲》)云：“幸生来英豪阔大宽宏量，从未将儿女私情略萦心上。”二十回：“只见史湘云大说大笑。”三十一回：“迎春笑道：‘我就嫌他爱说话，也没见睡在那里，还是咭咭呱呱的笑一阵，说一阵，也不知那里来的那些诓话。’”三十二回：“袭人道：‘云姑娘，你如今大了，越发心直口快了。’”四十九回：“史湘云极爱说话的，那里禁得香菱又请教他谈诗，越发高兴了，没昼没夜的高谈阔论起来。”六十二回：“史湘云笑着道：‘这个(拇战)简断爽利，合了我的脾气。我不行这个射覆，没得垂头丧气闷人，我只猜拳去了。’”百八回：“宝玉心里想道：‘我只说史妹妹出了阁，是换了一个人了。……如今听他的话，原是和先一样的。’”皆与其年相应。

《墓志铭》曰：“京师自公卿下，凡人事往来，贺赠宴饯颂述之作，必得其文以为荣。其年辄提笔缀辞，益与酬酢不休。”又曰：“君所作歌，随处散落人间。”《传》曰：“辛卯壬辰间，吴门云间常润大兴文会，四郡名士毕集，觞酌未引，髯索笔赋诗，数十韵立就。或时作记序，用六朝俳体，顷刻千言，钜丽无比。诸名士惊叹以为神。”案《石头记》，极写湘云诗思之敏捷。如第三十七回：“湘云初到，李纨罚他和诗。湘云一心兴头，不待推敲删改，一面只管和他人说着话，心内早已和成。”五十回：“芦雪亭联句，湘云哪里肯让人，且别人也不如他敏捷。”皆是。

《墓志铭》曰:“遇花间席上,尤喜填词。兴酣以往,常自吹箫而和之,人或指以为狂。其词至多,累至千余阕,古所未有也。”《传》曰:“所作词尤凌厉光怪,变化若神,富至千八百首。”《石头记》七十回“史湘云偶填柳絮词”:“湘云说过,咱们这几社,总没有填词,明日何不起社填词?”与其年好为词相应。

《别传》曰:“先生尝自中州入都,同秀水朱竹垞合刻一稿,名《朱陈村词》。”《石头记》六十七回[①]“凹晶馆,湘云黛玉联句”,殆影此。

《传》曰:“髯贫,无子。先是游商邱,买妾。妾父母闻其世家,游装都雅,意其富,许之。举一子,名狮儿。岁三周,载与俱归。妾父母暨妾始知髯贫,且老诸生耳。未几,狮儿竟夭,髯寻遣妾去。去二年,髯拔起荐辟,官检讨云。然髯自得官后,贫益甚。储孺人卒于家,生死不相见,益悼痛不自聊赖。壬戌患头痛,遂不起。”《墓志铭》曰:“授翰林院检讨后四年,年五十八而病作,积四十余日,卒。”《石头记》(《乐中悲》)曲:“襁褓中父母叹双亡,纵居绮罗丛,谁知娇养!”三十二回:“宝钗道:‘为什么这几次他(湘云)来了,他和我说话儿,见没人在眼前,他就说家里累得很。我再问他几句家常的话,他就连眼圈儿都红了。口里含含糊糊,待说不说的。想其情景,自然从小没了爹娘的苦。我看他也不觉伤起心来。’”三十七回:“史湘云穿得整整齐齐走来,辞说家里打发人来接他。……那史湘云只是眼泪汪汪的,见有他家人在跟前,又不敢十分委屈。……还是宝钗心内明白,他家人若回去告诉了他婶娘,待他家去,又恐怕受气。”所以写其未仕以前之厄运也。《红楼梦曲》又云:“……好一

① 六十七回:“七十六回”之误。——编者

似霁月光风耀玉堂，厮得个才貌仙郎，博得个地久天长。准折幼年时坎坷形状，终久是云散高唐，水涸湘江。”百九回：“史姑娘哭得了不得，说是姑爷得了暴病，大夫都瞧了，说这病只怕不能好，若变了痨病，还可挨过四五年。”百十回：“史湘云想到自己命苦，刚配了一个才貌双全的男人，性情又好，偏偏得了冤孽证候，不过挨日子罢了。”百十八回：“王夫人道：‘就是史姑娘，是他叔叔的主意。头里原好；如今姑爷痨病死了，你史妹妹立志守寡，也就苦了。’”皆所以写其既仕以后之厄运也。其年出于明之世家而入清，故以父母早亡而喻之。

《别传》曰：“相传先生为善卷山中诵经猿再世，故其性情萧淡，不耐拘检。疾革时，吟‘山鸟山花是故人’句而逝。”《石头记》四十九回：“一时史湘云来了，穿着贾母与他的一件貂鼠脑袋面子、大毛黑灰鼠里子、里外发烧大褂子，头上戴着一顶挖云鹅黄片金里大红猩猩毡昭君套，又围着大貂鼠风领。黛玉先笑道：‘你们瞧瞧，孙行者来了。’……只见他里头穿着一件半新的靠色三镶领袖，秋香色盘金五色绣龙窄褙（袖）小袖掩襟银鼠短袄，里面短短的一件水红妆段狐嵌褶子，腰里紧紧束着一条蝴蝶结子长穗五色宫绦，脚下也穿着鹿皮小靴，越显得蜂腰猿背，鹤势螂形。”五十回“暖香坞巧制春灯谜”：“湘云想了一想，笑道：‘我编了一支《点绛唇》，……’便念道：‘溪壑分离，红尘游戏真何趣。名利犹虚，后事总难提。’众人都不解，想了半日，有猜是和尚的，也有猜是道士的，也有猜是偶戏人的。宝玉笑了半日道：‘都不是。我猜着了，必定是耍的猴儿。’湘云笑道：‘正是这个了。’众人道：‘前头都好；末后一句怎么样解？’湘云道：‘那一个耍的猴儿不是剁了尾巴去的？’”皆影射山猿再世之传说也。众人猜为和尚道士，而猜著者又为将做和尚之宝玉，皆影诵经猿。所谓“后事总难提”，所谓“剁了尾巴”，则影其殁后无子云。

《墓志铭》曰：“口蹇讷，不善持论。”《石头记》二十回：“黛玉笑道：‘偏你咬舌子爱说话，连个二哥哥也叫不上来，只是爱哥哥爱哥哥的。回来赶围棋儿，又该你闹么爱三了。’宝玉笑道：‘你学会了，明儿连你还咬起来呢。’……湘云笑道：‘我只保佑着，明儿得一个咬舌儿林姊夫，时时刻刻，你可听爱呀厄的去。’”即影此。

妙玉，姜西溟也（从徐柳泉说）。姜为少女，以妙代之。《诗》曰：“美如玉，美如英。”玉字所以影英字也（第一回名石头为赤霞宫神瑛侍者，神瑛殆即宸英之借音）。

全谢山所作《翰林院编修姜先生宸英墓表》曰：“常熟翁尚书者，先生之故人也。是时枋臣方排睢州汤文正公，而尚书为祭酒，受枋臣旨，劾睢州为伪学。枋臣因擢之副詹事，以逼睢州，以睢州故兼詹事也。先生以文头责之，一日而其文遍传京师，尚书恨甚。枋臣有子多才，求学于先生，枋臣颇欲援先生登朝。枋臣有幸仆曰安三，势倾京师，欲先生一假借而不可得。枋臣之子乘间言于先生曰：‘家君待先生厚，然而率不得大有佽助。某以父子之间，亦不能为力者，何也？盖有人焉。愿先生少施颜色，则事可立谐。’……先生投杯而起曰：‘吾以汝为佳儿也，不料其无耻至此！’绝不与通。”又方望溪记姜西溟遗言曰：“徐司寇健庵，吾故交也。能进退天下士。平生故人，并退就弟子之列，独吾与为兄弟称。其子某作楼成，饮吾以落之，曰：‘家君云，名此必海内第一流，故以属先生。’吾笑曰：‘是东乡，可名东楼。’”《墓表》又云：“尝于谢表中用义山点窜《尧典》《舜典》二语。受卷官见而问曰：‘是语甚粗，其有出乎？’先生曰：‘义山诗未读耶？’”案《石头记》中，极写妙玉之狷傲。第十七回："王夫人道：'这样我们何不接了他（妙玉）来？'林之孝家的回道：'若接他，他说侯门公府，必以贵势压人，我再不去的。'王夫人道：'他既是宦家小姐，自然要傲些。就下个请帖何妨。'"四十一回："妙玉忙命将成窑的茶杯别收，搁在外头去罢。宝玉会意，知为刘老老吃了，他嫌肮脏，不要了。黛玉因问：'这也是旧年的雨水？'妙玉冷笑道：'你这么个人，竟是大俗人，连水也尝不出来。'……黛玉知他天性怪僻，不好多话，亦不好多坐……宝玉道：'那茶杯……不如就给了那贫婆子罢。……'妙玉点头说道：'这也罢了。幸而那杯子是我没吃过的；若是我吃过的，我就碰碎了也不能给他……你只交给他快拿了去罢。'宝玉道：'自然如此，你那里和他说话去，越发连你都肮脏了。'……宝玉又道：'等我们出去了，我叫几个小么儿来，河里打几桶水来洗地如何？'妙玉笑道：'这更好了，只是嘱咐他们抬了水，只搁在山门外头墙根下，别进门来。'"六十三回："岫烟笑道：'我找妙玉说话。'宝玉听了诧异，说道：'他为人孤癖，不合时宜，万人不入他的目，原来他推重姐姐，竟知姐姐不是我们一流俗人。'……宝玉将拜帖取与岫烟看（拜帖写'槛外人妙玉恭肃遥叩芳辰'）。岫烟笑道：'他这脾气，竟不能改，竟是生成这等放诞诡僻了。从来没见拜帖上写别号的。……他常说，古人中，自汉晋唐宋以来，皆无好诗。只有两句好，说道：纵有千年铁门槛，终须一个土馒头。所以他自称槛外之人。又常赞文是《庄子》的好，故又或称为畸人。他若帖子上是自称畸人的，你就还他个世人。畸人者，他自称是畸零之人。你谦自己乃世上扰扰之人，他便喜了。如今他自称槛外之人，是自谓蹈于铁槛之外了；故你如今只下槛内人，便合了他的心了。'"八十七回："宝玉悉把黛玉的事（抚琴）述了一遍，因说：‘咱们去看他。’妙玉道：‘从古只有听琴，再没有看琴的。’宝玉笑道：‘我原说我是个俗人。’”九十五回：“岫烟求妙玉扶乩。妙玉冷笑几声，说道：‘我与姑娘来往，为的是姑娘不是势利场中的人。今日怎么听了那里的谣言，过来缠我。’……岫烟知他脾气是这么着的。”一百九回：“妙玉来看贾母病，岫烟出去接他，说道：‘……况且咱们这里的腰门常关着，所以这些日子不得见你。’妙玉道：‘……我那管你们关不关，我要来就来，我不来，你们要我来也不能啊！’岫烟笑道：‘你还是那种脾气。’”又第五回《红楼梦曲》（《世难容》）云：“天生成孤僻人皆罕，你道是啖肉食腥膻（西溟不食豕，见下条），视绮罗俗厌。”皆是。

西溟性虽狷傲，而热中于科第。方望溪曰：“西溟不介而过余，以其文属讨论，曰：‘吾自度尚有不止于是者，以溺于科举之学，东西奔迫，不能尽其才，今悔而无及也。’”朱竹垞《书姜编修手书帖子后》云：“予尝劝罢乡试，西溟怒不答。平生不食豕，兼恶人食豕。一日，予戏语之曰：‘假有人注乡贡进士榜，蒸豕一柈曰：“食之，则以淡墨书子名。”子其食之乎？’西溟笑曰：‘非马肝也。’”《石头记》八十七回：“宝玉一面与妙玉施礼，一面又笑问道：‘妙公轻易不出禅关，今日何缘下凡一走？’妙玉听了，忽然把脸一红，也不答言，低了头自看那棋。……宝玉尚未说完，只见妙玉微微的把眼一抬，看了宝玉一眼，复又低下头去。那脸上的颜色渐渐的红晕起来。……重新坐下，痴痴的问着宝玉道：‘你从何处来？’……妙玉坐到三更过后，听得屋上咯碌碌一片瓦响。……忽听房上两个猫儿一递一声厮叫。那妙玉忽想起日间宝玉之言，不觉一阵心跳耳热。自己连忙收摄心神，走进禅房，仍归禅床上坐了。怎奈神不守舍，一时如万马奔驰，觉得禅床便恍荡起来。……大夫道：‘这是走魔入火的原故。’……外面那些游头浪子听见了，便造作许多谣言，说：‘这样年纪，那里忍得住！况且又是很风流的人品，很乖觉的性灵，以后不知飞在谁手里，便宜谁去呢！’……惜春因想妙玉虽然洁净，毕竟尘缘未断。”皆写其热中之状态也。

西溟未遇时，欲提挈之者甚多，忌之者亦不鲜。《墓表》曰：“凡先生入闱，同考官无不急欲得先生者，顾佹得佹失。”又曰：“当是时，圣祖仁皇帝，润色鸿业，留心文学。先生之名，遂达宸听。一日谓侍臣曰：‘闻江南有三布衣，尚未仕耶？’三布衣者，秀水朱先生竹垞、无锡严先生耦渔，及先生也。又尝呼先生之字曰：‘姜西溟古文，当今作者。’……会征博学鸿儒，昆山叶公与长洲韩公相约连名上荐。叶公适以宣召入禁中，浃月既出，则已无及矣。新城王公叹曰：‘其命也夫！’……先生累以醉后违科场格致斥。……受卷官怒，高阁其卷，不复发誊(因先生斥其未读义山诗)。”遗言曰：“翁司寇宝林用此(刊布责翁文)相操尤急，此吾所以困至今也。”李次青《姜西溟先生事略》曰：“始睢州典试浙中，叹息语同事：‘暗中摸索，勿失姜君。’竟弗得。嗣后每榜发，无不以失先生为恨者。”《曝书亭集》有《为姜宸英题画诗》，孙注曰：“案己未鸿博试。据其乡后进云：以厄于高江村詹事不获举。”《墓表》又曰：“康熙丁丑，年七十矣。先生入闱，复违格。受卷官见之叹曰：‘此老今年不第，将绝望而归耳。’为改正之，遂成进士。”《石头记》第五回《红楼梦曲》(《世难容》)云：“好高人共妒，过洁世同嫌。可叹这青灯古殿人将老，辜负了红粉朱楼春色阑。……又何须王孙公子叹无缘。”百十二回：“妙玉说道：‘我自玄墓到京，原想传个名的。为这里请来，不能又栖他处。'"八十七回:"怎奈神不守舍……身子已不在庵中,便有许多王孙公子要求娶他。又有些媒婆扯扯拽拽扶他上车。"五十回:"李纨说:'可厌妙玉为人,我不理他。'"皆写其不遇之境也。

《墓表》曰:"以己卯试事,同官不饬簠簋,牵连下吏,满朝臣寮,皆知先生之无罪,顾以其事泾渭各具,当自白,而不意先生遽病死。新城方为刑部,叹曰:'吾在西曹,使湛园以非罪死狱中,媿何如矣。'"方望溪曰:"己卯主顺天乡试,以目昏不能视,为同官所欺,挂吏议,遂发愤死刑部狱中……平生以列《文苑传》为恐,而末路乃重负污累。然观过知仁,罪由他人,人皆谅焉。而发愤以死,亦可谓狷隘而知耻者矣。"《石头记》百十二回:"有人大声的说道:'我说那三姑六婆是最要不得的。……那个什么庵里的尼姑死要到咱们这里来。……那腰门子一会儿开着,一会儿关着,不知做什么。……我今日才知道是四姑奶奶的屋子,那个姑子就在里头,今日天没亮溜出去了。可不是那姑子引进来的贼么?'……包勇道:'你们师父引了贼来偷我们,已经偷到手了,他跟了贼去受用去了。'"百十五回:"地藏的姑子问惜春道:'前儿听见说栊翠庵的妙师父,怎么跟了人去了?'惜春道:'那里的话!说这个话的人,隄防的割舌头。人家遭了强盗抢去,怎么还说这样的坏话!'那姑子道:'妙师父为人怪癖,只怕是假惺惺罢。'"五回《红楼梦曲》曰:"到头来依旧是风尘肮脏违心愿,好一似无瑕白玉遭泥陷。"皆写其受诬也。百十二回:"妙玉自己坐着,觉得一股香气透入囟门,便手足麻木不能动弹,口里也说不出话来,心中更自着急。……此时妙玉,如醉如痴。可怜一个极洁极净的女儿,被这强盗的闷香薰住,由着他摆布去了。"写其以目昏而为同官所欺也。百十二回,又云:"不知妙玉被劫，或是甘受污辱，还是不屈而死，未知下落，也难妄拟。……惜春想起昨日包勇的话来，必是那强盗看见了他，昨晚抢去了，也未可知。但是他素来孤洁得很，岂肯惜命！”百十七回：“恍惚有人说：‘是有个内地里的人城里犯了事，抢了一个女人下海去了。那女人不依，被这贼寇杀了。’众人道：‘咱们栊翠庵的妙玉，不是叫人抢去，不要就是他罢？’贾芸道：‘前日听见人说他庵里的道婆做梦，说看见是妙玉叫人杀了。’”皆写其瘐死狱中也。

西溟祭纳兰容若文，有曰：“兄一见我，怪我落落。转亦以此，赏我标格。……我蹶而穷，百忧萃止。是时归兄，馆我萧寺。人之狺狺，笑侮多方。兄不谓然，待我弥庄。……梵筵栖止，其室不远。纵谭晨夕，枕席书卷。余来京师，刺字漫灭。举头触讳，动足遭跌。兄辄怡然，忘其颠蹶。数兄知我，其端非一。我常箕踞，对客欠伸。兄不余傲，知我任真。我时嫚骂，无问高爵。兄不余狂，知余疾恶。激昂论事，眼睁舌挢。兄为抵掌，助之叫号。有时对酒，雪涕悲歌。谓余失志，孤愤则那。彼何人斯？实应且憎。余色拒之，兄门固扃。”《石头记》中写妙玉品性均与之相应。而萧寺及梵筵云云，尤为栊翠庵之来历也。

惜春，严荪友也。荪友为荐举鸿博四布衣之一，故曰四姑娘。荪友又号藕渔，亦曰藕荡渔人，故惜春住藕榭，诗社中即以“藕榭”为号。

《池北偶谈》：“公卿荐举鸿博，绳孙目疾，是日应制，仅为八韵诗。”朱竹垞《严君墓志》：“晚岁有以诗文画请者，概不应。”《石头记》三十七回：“惜春本性懒于诗词。”殆指此。

《墓志》曰：“君兼善绘事。”李次青《严荪友事略》又称其尤精画凤。《石头记》,惜春之婢名入画。第四十回:“贾母指着惜春笑道:‘你瞧我这个小孙女儿,他就会画,等明儿叫他画一张如何?’”第四十二回:“李纨笑道:‘四丫头要告一年的假呢!’黛玉笑道:‘都是老太太昨儿一句话,又叫他画什么园子图儿,惹得他乐得告假了。’”五十回:“贾母道:‘那是你四妹妹那里和煖。和我们到那里,瞧瞧他的画儿,赶年可能有了不能。’众人笑道:‘那里能年下就有了!只怕明年端阳才有呢。’贾母道:‘这还了得!他竟比盖这园子还费工夫了。’……只问惜春:‘画在那里?’惜春因笑道:‘天气寒冷了,胶性皆凝滞不堪。画了恐不好看,故此收起来了。’”皆借荪友绘事为点缀。其所云“请假一年”“明年才有”,及“天寒收起”等,则晚岁不应之义也。

《墓志》曰:“君归田后,杜门不出。筑堂曰‘雨青草堂’,亭曰‘佚亭’。布以窠石、小梅、方竹。宴坐一室以为常。暇辄扫地焚香而已。”《事略》曰:“既入史馆分纂《隐逸传》。容与蕴藉,盖多自道其志行云。”《石头记》七十四回:“惜春年幼,天性孤癖,任人怎说,只是咬定牙,断乎不肯留着(入画)。又说道:‘不但不要入画,如今我也大了,连我也不便往你们那边去了。况且近日闻得多少议论,我若再去,连我也编派。……我一个姑娘,只好躲是非的。我反寻是非,成个什么人了。……我只能保住自己就彀了。以后你们有事,好歹别累我。……状元难道没有糊涂的?……怎么我不冷?我清清白白的一个人,为什么叫你们带累坏了?……你这一去了,若果然不来,倒也省了口舌是非,大家倒还干净。’”八十七回:“惜春想:‘我若出了家时,那有邪魔缠扰,一念不生,万缘俱寂。’想到这里,蓦与神会,若有所得。便口占一偈云:‘大造本无方,云何是应住？既从空中来，应向空中去。'占毕，即命丫头焚香，自己静坐了一回。"百十五回："惜春道：'如今譬如我死了是的，放我出了家，干干净净的一辈子。'"皆写其"杜门不出""扫地焚香"之决心也。

宝琴，冒辟疆也。辟疆名襄，孔子尝学琴于师襄，故以琴字代表之。

辟疆有姬曰董白，其没也，辟疆作《影梅庵忆语》以哀之，有曰："壬午清和晦日，姬送余至北固山。舟泊江边，时西先生毕令梁寄余夏西洋布一端，薄如蝉纱，洁比雪艳。以退红为里，为姬制轻衫，不减张丽华桂宫霓裳也。偕登金山，山中游人数千，尾余两人，指为神仙。"又曰："余家及园亭，凡有隙地，皆植梅。春来早夜出入，皆烂缦香雪中。姬于含蕊时，先相枝之横斜，与几上军持相受，或隔岁便芟翦得宜，至花放，恰采入供。"《石头记》四十九回："湘云又瞧着宝琴笑道：'这一件衣裳，也只配他穿；别人穿了，实在不配。'"五十回："贾母一看四面粉妆银砌，忽见宝琴披着凫靥裘，站在山坡背后遥等。身后一个丫环抱着一瓶红梅。……喜的忙笑道：'你们瞧这雪坡上，配上他这个人物，又是这件衣裳，后头又是这梅花，像个什么？'众人都笑道：'就像老太太房里挂的仇十洲画的《艳雪图》。'贾母摇头笑道：'那画的那里有这件衣裳？人也不能这样好。……这是已许配梅家了。……把他许了梅翰林的儿子。'"四十九回："薛蝌因当年父亲已将胞妹薛宝琴许配都中梅翰林之子为媳。"皆与《影梅庵忆语》中语相应。

张公亮所作《冒姬董小宛传》："小宛，秦淮乐籍中奇女也。……徙之金阊，……住半塘。……自西湖远游于黄山白岳间者将三年。……自此渡浒墅，游惠山，历毗陵、阳羡、澄江，抵北固，登金焦。"《石头记》五十回:"薛姨妈道:'他从小儿见的世面倒多,跟他父亲四山五岳都走遍了。他父亲带了家眷,这一省逛一年,明年又到那一省逛半年。所以天下十停走了有五六停了。'……宝琴走来笑道:'从小儿所走的地方的古迹不少,我如今拣了十个地方古迹,做了十首怀古诗。'"五十一回:宝琴十首怀古绝句,为赤壁、交趾、锺山、淮阴、广陵、桃叶渡、青冢、马嵬、蒲东寺、梅花观十处。虽地名不皆符合,然彼此足相印证。

辟疆之别墅曰"水绘园"。《石头记》五十二回:"宝琴说曾见真真国女子。"盖用《闻奇录》中画中美人名真真事,以映绘字。此女子所作诗,有曰:"昨日朱楼梦,今宵水国吟。"上句言其不忘明室,下句则即谓"水绘园"也。

古人尝以千里草影董字。后汉童谣"千里草,何青青"是也。《石头记》五十回:"李绮灯谜:以萤字打一个字。宝琴猜是花草的花字。黛玉笑道:'萤可不是草化的。'"殆亦以草字影董字也。相传董小宛实非病死,而被劫入清宫。草化为萤,疑即指此。萤与荣国府之荣同音也。

刘老老,汤潜庵也(合肥蒯君若木为我言之)。潜庵受业于孙夏峰,凡十年。夏峰之学,本以象山阳明为宗。《石头记》:"刘老老之女婿曰王狗儿。狗儿之父曰王成,其祖上曾与凤姐之祖王夫人之父认识,因贪王家势利,便连了宗。"似指此。

耿介所作《汤潜庵先生斌传》曰:"皇太子将出阁,上谕吏部:'自古帝王,谕教太子,必简和平谨恪之臣,专资赞导。江宁巡抚汤斌,在经筵时,素行谨慎,朕所稔知。及简任巡抚以来,洁己率属,实心任事。允宜拔擢大用,风示有位。'特授礼部掌詹事府事。"《石头记》四十二回:"凤姐儿道:'他(巧姐儿)还没个名字,你就给他起个名字,借借你的寿。二则你们是庄家人,不怕你恼,到底贫苦些。你贫苦人起个名字,只怕压的住他。'"又一百十三回:"凤姐对巧姐儿道:'你的名字,还是他起的呢。就和干娘一样,你给他请个安。'……老老道:'只是不到我们那里去。'凤姐道:'你带了他去罢。'"一百十九回:"平儿道:'老老你既是姑娘的干妈。'"疑皆指其为詹事时事。

《觚賸》:"旧传明祖梦兵卒千万,罗拜殿前。……高皇曰:'汝因多人,无从稽考姓氏。但五人为伍,处处血食足矣。'因命江南家立尺五小庙祀之。俗称五圣祠。是后日渐蕃衍,甚至树头花前,鸡埘豕圈,小有萎夭,辄曰五圣为祸。吾吴上方山尤极淫侈,娶妇贷钱,夭诡百出。吴人惊信若狂,箫鼓画船,报赛者相属于道。巫觋牲牢,阗委杂陈。计一日之费,不下数百金。岁无虚日也。睢州汤公巡抚江南,深痛恶俗。康熙乙丑,奏于朝。而奉有俞旨,并檄各省。如江南土木之偶,或畀炎火,或投浊流,五圣祠遂斩无孑遗。"《国朝先正事略》:"苏州府城上方山,有祠曰五通,祷赛甚盛。凡少年妇女,感寒热,觋巫辄谓五通将娶为妇。往往羸瘵死,常数十家。前有大吏,拟撤其祠,遇祟死,民益神之。公收像,投水火,尽毁所属淫祠,请旨勒石永禁。"《石头记》三十九回:"刘老老道:'去年冬天,接连下了几天雪,地下压了三四尺深。……只听外头柴草响,我想必定有人偷柴草来了。'……贾母道:'必定是过路的客人们冷了,见现成的柴,抽些烤火去,也是有的。'刘老老道:'……原来是一个十七八岁极标致的一个小姑娘,……'外面人喊嗓起来。……丫环回说:'南院马棚子里走了火了。不相干,已救下了。'……只见东南上火光犹亮……又忙命人去火神跟前烧香……贾母足足看火光熄了……都是才说抽柴草，惹出火来了……林黛玉忙笑道：‘咱们雪下吟诗，依我说，还不如弄一捆柴火雪下抽柴。’……刘老老编了告诉他道：‘那原是我们庄北沿地埂子上，有一个小祠堂里供的，不是神佛，当先有个什么老爷。’说着又想名姓。宝玉道：‘不拘什么名姓，你不必想了(《觚賸》所谓无从稽考姓氏)。只说原故就是了。’刘老老道：‘这老爷没有儿子，只有一位小姐名叫若玉小姐。(五字与玉字相似，故曰若玉)……生到十七岁一病死了(《国朝先正事略》所谓少年妇女……五通将娶为妇，往往羸瘵死)……因为老爷太太思念不尽，便盖了这祠堂，塑了这若玉小姐的像，派了人烧香拨火。如今日久年深的，人也没了，庙也破了，那像也就成了精……他时常变了人出来各村庄店道上闲逛。我才说抽柴火的就是他了。我们村庄上的人，还商议着，要打了这个像，平了庙呢。’……宝玉道：‘我明日做个疏头，替你化些布施，你就做香头，攒了钱，把这庙修盖，再装塑了泥像，每月给你香火钱烧香，岂不好？’(汪世鋐所作《汤潜庵先生墓表》：‘其后五路神徙于他所，骎骎乎有复兴之势。’)……焙茗笑道：‘找到东北上田埂子上，才有一个破庙。……那庙门却倒也朝南开，也是稀破的。……一看泥胎，吓的我又跑出来，活似真的一般……那里是什么女孩儿，竟是一位青脸红发的瘟神爷。’”皆影汤公毁五通祠事也。

徐乾学所作《工部尚书汤公神道碑》：“居官不以丝毫扰于民。夏从贸肆中易苎帐自蔽，春野荠生，日采取啖之，脱粟羹豆，与幕客对饭。下至臧获，皆怡然无怨色。常州知府祖进朝，制衣靴，欲奉公，久之不敢言，竟自服之。”冯景所作《汤中丞杂记》：“黄进士春江言：公莅任时，某亲见其夫人暨诸公子衣皆布，行李萧然，类贫士。而其日给为菜韭。公一日阅簿，见某日两只鸡。公愕问曰：‘吾至吴未曾食鸡，谁市鸡者乎？’仆叩头曰：‘公子。’公怒，立召公子跽庭下而责之曰：‘汝谓苏州鸡贱如河南耶？汝思啖鸡，便归去。恶有士不嚼菜根而能作百事者哉！’并笞其仆而遣之。公生日，荐绅知公绝馈遗，惟制屏为寿。公辞焉。启曰：‘汪琬撰文在上。’公命录以入而返其屏……去之日，敝簏数肩，不增一物于旧，惟《廿一史》则吴中物。公指为祖道诸公曰：‘吴中价廉，故市之，然颇累马力。’”《觚賸续编》：“睢州汤潜庵先生，以江南巡抚内迁大司空。其殁于京邸也，同官唁之，身卧板床，上衣敝蓝丝袄，下着褐色布袴。检其所遗，惟竹笥内俸银八两。昆山徐大司寇赙以二十金，乃能成殡。”《石头记》第六回，记刘老老之外孙名板儿，外孙女名青儿。一进荣国府，携板儿去。板儿当影吴中所市之《廿一史》，青儿则影其日给菜韭也。又刘老老见凤姐时，贾蓉适来借屏。“贾蓉笑道：‘我父亲打发我来，求婶子说上回老舅太太给婶子的那架玻璃炕屏，明儿请一个要紧的客，借去略摆一摆，就送来的。’……凤姐笑道：‘也没见我们王家的东西都是好的……碰坏一点，你可仔细你的皮。’”是影不受寿屏事。曰借，曰略摆一摆就送来，言不受也。“王家的东西都是好的”，王汪同音，“汪琬撰文在上”也。不许“碰坏一点”，但录其文而于屏一无所损也。又凤姐给他二十两银子。而第三十九回：“刘老老道：‘这样螃蟹……再搭上酒菜，一共倒有二十多两银子。阿弥陀佛！这一顿的钱，彀我们庄家人过一年的了。’”疑皆影徐健庵赙二十金也。第三十九回：“刘老老又来了。有两三个丫头在地下，倒口袋里的枣子倭瓜并些野菜。老老道：‘姑娘们天天山珍海味的也吃腻了，吃个野菜儿，也算我们的穷心。'贾母又笑道：'我才听见凤哥儿说，你带好些瓜菜来，我叫他快收拾去了。我正想个地里现结的瓜儿菜儿吃，外头买的不像你们田地里的好吃。'刘老老笑道：'这是野意儿，不过吃个新鲜。依我们倒想鱼肉吃，只是吃不起。'"第四十二回："平儿道：'到年下，你只把你们晒的那个灰条菜干子和豇豆扁豆茄子葫芦条子，各样干菜带些来，我们这里上上下下都爱吃这个。'"皆影"啖野荠""给菜韭"，及"谓士当日嚼菜根"等也。平儿道："这一包是八两银子。"影死后所遗惟俸银八两也。三十九回："鸳鸯去挑了两件随常的衣服给刘老老换上。"四十二回："鸳鸯道：'前儿我叫你洗澡换的衣裳，是我的。你不弃嫌，我还有几件，也送你罢。'刘老老又忙道谢。鸳鸯果然又拿出几件来。"又鸳鸯指炕上一个包袱说道："这是老太太的几件衣裳，都是往年间生日节下，众人孝敬的。老太太从不穿人家做的。收着也可惜，却是一次也没穿过的。昨日叫我拿出两套儿送你带去，或送人，或自己家里穿罢。"又："平儿又悄悄笑道：'这两件袄儿和两条裙子，还有四块包头，一包绒线，这是我送老老的。那衣裳虽是旧的，我也没大很穿。你要弃嫌，我就不敢说了。'老老忙笑说道：'姑娘说那里话，这样好东西我还弃嫌？我便有银子没处买这样的去呢！只是我怪臊的，收了又不好，不收又孤负了姑娘的心。'"皆影"祖进朝欲奉衣靴久不敢言而自服之"也。四十回："贾母道：'那个纱叫软烟罗，先时原不过是糊窗屉，后来我们拿这个做被做帐子，试试也竟好。'……刘老老口里不住的念佛，说道：'我们想做衣裳也不能，拿着糊窗子，岂不可惜。'……贾母道：'若有时都拿出来，送这刘亲家两匹。有雨过天青的，我做一个帐子挂下。'"

四十二回："平儿说道：'这是昨日你要的青纱一匹，奶奶另外送你一个实地月白纱做里子。这是两个茧绸，做袄儿裙子都好。这包袱里是两匹绸子，年下做件衣裳穿。'"又四十一回："刘老老忽见有一副最精致的床帐。"皆影其"苎帐自蔽""全家衣布"及"死时服敝蓝丝袄褐色布袴"事也。第四十回："刘老老道：'这里的鸡儿也俊，下的这蛋，也小巧怪俊的。'"四十一回："凤姐道：'你把才下来的茄子，把皮刨了，只要净肉，切成碎钉子，用鸡油炸了，再用鸡肉脯子，合香菌、新笋、麻菇、五香豆腐干子、各色干果子，都切成钉儿，拿鸡汤煮干，将香油一收，外加糟油一拌，盛在磁罐子里，封严，要吃时拿出来，用炒的鸡爪子一拌，就是了。'刘老老听了摇头吐舌说：'我的佛祖，倒得十来只鸡来配他，怪道这个味儿。'"影其"责子啖鸡事"也。

《履园丛话》："汤文正公莅任江苏，闻吴江令即墨郭公琇，有墨吏声，公面责之。郭曰：'向来上官要钱，卑职无措，只得取之于民。今大人如能一清如水，卑职何敢贪耶？'公曰：'姑试汝。'郭回任，呼役汲水洗其堂，由是大改前辙。"《石头记》四十一回："贾母带了刘老老至栊翠庵来。……宝玉道：'等我们出去了，我叫几个小么儿来，河里打几桶水来洗地如何。'"影"郭琇洗堂"事也。

其他迎春等人，尚未考出，姑阙之。又有插叙之事，颇与康熙朝时事相应者数条，附录于后。

四十八回，贾雨村拿石呆子事，即戴名世之狱也。戴居南山冈，即以"南山"名其集。《诗》曰："节彼南山，维石岩岩。"又戴之贾祸，尤在其致门生余石民一书，故以石呆子代表之。所谓"老爷不知在那里看见几把旧扇子，回家来，看家里所有收着的这些好扇子都不中用了……偏他家就有二十把旧扇子,死也不肯拿出大门来……他只是不卖,只说'要扇子,先要我的命'。……谁知那雨村没天理的,听见了,便设了法子讹他拖欠官银,拿了他到衙门里去,说所欠公银,变卖家产赔补,把这扇子抄了来,做了官价,送了来。那石呆子如今不知是死是活。……为这点子小事,弄的人家败产"。扇者,史也。"看了旧扇子","家里这些扇子不中用",有实录之明史,则清史不足观也。二十把旧扇子,二十史也。"石呆子死不肯卖",言如戴名世等,宁死而不肯以中国古史俾清人假借也。"拿石呆子""抄扇子""弄的人家败产""石呆子不知是死是活",谓烧毁《南山集》版,斩戴名世。其案内干连之人并其妻子,或先发黑龙江,或入旗也。

第二十三回,回目以《西厢记》《牡丹亭》对举。四十回,黛玉应酒令,并引二书。五十一回,宝琴编怀古诗,末二首,亦本此二书。所以代表当时违碍之书也。《西厢》终于一梦,以代表明季之记载;《牡丹亭》述丽娘还魂,以代表主张光复明室诸书。宝玉初读《西厢》,正值落红成阵,引起黛玉葬花,即接叙黛玉听曲,恰为"原来是姹紫嫣红开遍,似这般都付与断井颓垣"及"良辰美景奈何天,赏心乐事谁家院"。其后又想起《西厢记》中"花落水流红"等句。落红也,葬花也,付红紫于断井颓垣,皆吊亡明也。奈何天,谁家院,犹言今日域中谁家天下也。黛玉应酒令,引《牡丹亭》,仍为"良辰美景奈何天";引《西厢》,则曰"纱窗也没有红娘报"。言不得明室消息也。第四十二回:"宝钗道:'我们家也算是个读书人家,祖父手里也极爱藏书。先时人口多,姊妹兄弟也在一处。……诸如这《西厢》《琵琶》以及《元人百种》,无所不有。他们背着我们偷看,我们背着他们偷看。后来大人知道了，打的打，骂的骂，烧的烧，丢开了。'"言此等违碍之书，本皆秘密传阅，经官吏发见，则毁其书而罚其人也。宝琴所编《蒲东寺怀古》曰："小红骨贱一身轻，私掖偷携强撮成。虽被夫人时吊起，已经勾引彼同行。"似以形容明室遗臣强颜事清之状。其《梅花观怀古》末句"一别西风又一年"，亦有《黍离》之感。"黛玉道：'两首虽于史鉴上无考，咱们虽不曾看这些外传，不知底里，难道咱们连两本戏也没见过不成？三岁的孩子也知道，何况咱们？'李纨道：'凡说书唱戏甚至于求的签上都有。老少男女俗语口头，人人皆知皆说的。'"言此等忌讳之事，虽不见史鉴，亦不许人读其外传，而人人耳熟能详也。

第七回，焦大醉后谩骂，"众小斯把他捆起来，用土和马粪满满的填了他一嘴"。第百十一回："大家见一个梢长大汉，手执木棍。……正是甄家荐来的包勇。……包勇用力一棍打去，将贼打下屋来。"似影射方望溪事。《啸亭杂录》："方灵皋性刚戆，遇事辄争。尝与履恭王同判礼部事。王有所过当，公拂袖而争。王曰：'秃老可敢若尔！'公曰：'王言如马勃味。'往谒查相国，其仆恃势不时禀。公大怒，以杖叩其头，血涔涔下。仆狂奔告相公。迎见后，复至查邸。其仆望之即走，曰：'舞杖老翁又来矣。'"望溪名苞，故曰包勇。

第十八回："黛玉因见宝玉构思太苦，走至案旁，知宝玉只少'杏帘在望'一首，……自己吟成一律，写在纸条上，搓成个团子，掷向宝玉跟前。宝玉遂忙恭楷缮完呈上。贾妃看毕，指'杏帘'一首为四首之冠。"似影射张文端助王渔洋事。《啸亭杂录》："王文简诗名重当时，浮沉粉署。张文端公直南书房，代为延誉。仁庙亦尝闻其名，召入面试。渔洋诗思本迟，加以部曹小臣，乍睹天颜，战栗不能成一字。文端代作诗草，撮为丸，置案侧，渔洋得以完卷。上阅之，笑曰：'人言王某诗多丰神，何整洁殊似卿笔。'……渔洋感激终身，曰：'是日微张某，余几曳白矣。'"①

元妃省亲，似影清圣祖之南巡。盖南巡之役，本为省觐世祖而起也。第十六回："赵嬷嬷道：'我听见上上下下，嗅嚷了这些日子，什么省亲不省亲，我也不理论他去。如今又说省亲，到底是怎么个缘故？'贾琏道：'如今当今体贴万人之心，世上至大莫如孝字。……当今自为日夜侍奉太上皇、皇太后，尚不能略尽孝意，……于是太上皇皇太后大喜，深赞当今至孝纯仁。'……凤姐笑道：'当年太祖皇帝仿舜巡的故事，比一部书还热闹。我偏没造化赶下。'赵嬷嬷道：'阿呀呀，那可是千载难逢的。那时候我才记事儿。咱们贾府……只预备接驾一次，把银子化的淌海水似的。说起来[……]'凤姐忙接道：'我们王府里也预备过一次……'赵嬷嬷道：'如今还有现在江南的甄家，阿呀呀，好世派！他家独接驾四次……也不过拿着皇帝家的银子，往皇帝身上使罢了。谁家有那些钱买这个虚热闹去！'"赵嬷嬷说省亲是怎么个缘故，可见省亲是拟议之词。康熙朝无所谓太上皇，而以太上皇与皇太后并称，是其时世祖未死之证。宫妃省亲，与皇帝南巡，事绝不同。而凤姐及赵嬷嬷乃缕述太祖皇帝南巡故事，且缕述某家接驾一次、某家接驾四次，是明指康熙朝之南巡。不过因本书既以贾妃省亲事代表之，不得不假记南巡为

① 《小说月报》版此处有：宝玉之出家，似影清世祖为僧事。世祖之为僧，由于悼董妃；宝玉之出家，亦发端于悼黛玉也。——编者

已往之事云尔。

右所证明，虽不及百之一二，然《石头记》之为政治小说，决非牵强傅会，已可概见。触类旁通，以意逆志，一切怡红快绿之文，春恨秋悲之迹，皆作二百年前之“因话录”“旧闻记”读可也。

民国四年十一月著者识

附录一　红楼梦考

钱静方

《红楼梦》一书，描写人情世故，深入细微，脍炙人口者，垂二百数十年矣。前清俞曲园先生尝考之，谓为康熙朝相臣明珠之子而作。明珠姓纳兰氏，长白人，其子名成德，字容若，长于经学，又好填词，《通志堂经解》每一种有纳兰成德容若序，即其人也。乾隆五十一年二月二十九日上谕，成德于康熙十一年壬子科中式举人，十二年癸丑科中式进士，年甫十六岁。然则其中举人止十五岁，于书所述颇合。此书末卷，自具作者姓名曰"曹雪芹"。袁子才《随园诗话》云："曹练亭康熙中为江宁织造，其子雪芹撰《红楼梦》一书，备极风月繁华之盛，则曹雪芹固有可考矣。"又《船山诗草》有《赠高兰墅鹗同年》一首，云："艳情人自说《红楼梦》，自注云，传奇《红楼梦》八十回以后，俱兰墅所补。"然则此书非出一手。按乡会试增五言八韵诗，始于乾隆朝，使出曹手，必不备此体例，而是书叙科场事已有诗，则其为高君所补可证矣。俞说如是。又云："纳兰容若《饮水词集》有《满江红》词，为曹子清题其先人所构栋（似乎应该是楝）亭，子清即雪芹也。"余观钱塘袁兰村先生选刊之《饮水词抄》，标为"长白纳兰性德容若著"，下注原名"成德"，则容若有二名矣。

又鄞县陈康祺先生《郎潜二笔》云："姜西溟太史与其同年李修撰蟠同典康熙己卯顺天乡试，时因士论沸腾，有'老姜全无辣气，小李大有甜头’之谣。风闻于上，以致被逮，姜竟卒于请室。第前辈多纪述此事，而不能定其关节之有无。昔读《鲒埼亭集》先生墓表，称‘满朝臣僚皆知先生之无罪’。而王新城亦有‘我为刑官，令西溟以非罪死，无以谢天下’之语，知同时公论，早以西溟之连染为冤。嗣闻先师徐柳泉先生云：‘小说《红楼梦》一书，即记故相明珠家事。金钗十二，皆纳兰侍御所奉为上客者也。宝钗影高澹人，妙玉即影西溟先生。妙为少女，姜亦妇人之美称，如玉如英，义可通假。妙玉以看经入园，犹先生以借观藏书，就馆相府。以妙玉之孤洁而横罗盗窟，并被以丧身失节之名，犹先生之贞廉而瘐死园扉，并加以嗜利受赇之谤，作者盖深痛之也。’徐先生言之甚详，惜余不尽记忆，此编（指郎潜）网罗掌故，从不采传奇稗史，自污其书，惟《红楼梦》笔墨娴雅，屡见称于乾嘉后名人诗文笔札，偶一援引，以白乡先生千载之诬，且先师遗训也。”由陈之说，是红楼一书，写美人实写名士，特化雄为雌而已。高澹人名士奇，浙人。

前清康熙帝为右文之主，一时渡江名士，辐凑辇下，或以经术著，或以文才显，或以理学称，其遗闻轶事，往往散见于各家记载。使按图而索骥焉，虽金钗之列，上中下三册，多至三十六人，亦不难一一得其形似，第恐失之附会，不若阙疑以存其真之为得也。惟《饮水词抄》一卷，为纳兰侍御亲笔所著，中有与诸名士酬唱之作。余尝读之，见为南豊梁份而作者居多数，姜宸英次之，严绳孙、陈维崧辈又次之，以交谊言之，彼质夫、荪友、迦陵三先生，当亦在金钗之列，第不知为之影者系何人耳。

是书力写宝黛痴情，黛玉不知所指何人。宝玉固全书之主人翁，即纳兰侍御容若也。使侍御而非深于情者，则焉得有此倩影？

余读《饮水诗抄》，不独于宾从间得䜣合之懽，而尤于闺房内致缠绵之意，即黛玉葬花一段，亦从其词中脱卸而出。是黛玉虽影他人，亦实影侍御之德配也。为录三词于左以资印证。

金缕曲

（亡妇忌日有感）

此恨何时已？洒空阶，寒更雨歇，葬花天气。三载悠悠魂梦杳，是梦久应醒矣。料也觉，人间无味。不及夜台尘土隔，冷清清，一片埋愁地。钗钿约，定抛弃。

重泉若有双鱼寄。好知他，年来苦乐，与谁相倚。我自终宵成转侧，忍听湘弦重理。待结个，他生知己。还怕两人俱薄命，再缘悭，剩月零风里。清泪尽，纸灰起。

于中好

（十月初四夜风雨，其明日是亡妇生辰）

尘满疏帘素带飘，真成暗度可怜宵。几回偷拭青衫泪，忽傍犀奁见翠翘。

惟有恨，转无聊。五更依旧落花朝。衰杨叶尽丝难尽，冷雨凄风罩画桥。

南乡子

（为亡妇题照）

泪面更无声，止向从前悔薄情。凭仗丹青重省识，盈盈，一片伤心画不成。

别语忒分明，午夜鹣鹣梦早醒。卿自早醒侬自梦，更更，泣尽风檐夜雨淋。

前清研究红学者，不一其说。有谓红楼一梦，乃影清初大事者：林薛二人争宝玉，即指康熙末允禩诸人夺嫡事。宝玉非人，寓言玉玺耳，故著者明言顽石也。黛玉之名，取“黛”字下半“黑”字与“玉”字相合，去其四点，则“代理”二字。代理者，代理密亲王也。和硕理密亲王名允礽，为康熙帝次子，故以双木之“林”字影之。犹虑阅者不解，又于迎春名之曰“二木头”，盖迎春亦行二也。袭人为宝钗之影，写宝钗不便尽情极致，乃旁写一袭人以足之。袭人者，龙衣人，指世宗宪皇帝允祯也。海外女子，指延平王郑氏之据台湾。焦大指洪承畴，观其醉后自表战功，与承畴之为清效力者近似。妙玉乃指吴梅村，走魔遇劫，即状其家居被迫，不得已而出仕。梅村吴人，妙玉亦吴人。居大观园，自称“槛外人”。寓不臣之意。王熙凤指宛平相国王熙，康熙一朝，汉大臣有权者，熙为第一，书中明言熙凤为男子也。此说旁征曲引，似亦可通，不可谓非读书得间，所病者举一漏百，寥寥钗黛数人外，若者为某。若者为某，无从确指，虽较明珠之说，似为新颖，而欲求其显豁呈露，则不及也。要之，红楼一书，空中楼阁，作者第由其兴会所至，随手拈来，初无成意。即或有心影射，亦不过若即若离，轻描淡写，如画师所绘之百像图，类似者固多，苟细按之，终觉貌是而神非也。近人又谓红楼一名《情僧录》。“情僧”指清世祖，世祖纳冒氏之妾董小宛为妃。小宛早卒，世祖伤感不已，遂遁五台为僧，红楼之作，刺世祖也。此说最为谬妄，无论年岁悬殊，即事实亦多不类，近见某君著《董小宛考》以辨之矣。余何赘焉？

附录二　董小宛考

孟森

清世祖出家之说，世颇有传者。其时董鄂贵妃之故后承恩，具在《国史》。时人因董鄂之译音，定用此二字，遂颇用董氏故事影射之。陈迦陵之所谓董承娇女也，吴梅村《清凉山赞佛诗》之所谓千里草也，双成也，皆指董鄂事。何必另于疑似之间，强指他人而代之？又何必于凡姓董之人中，牵及冒氏侍姬之董小宛？事之可怪，无逾于此。

凡作小说，劈空结撰可也。倒乱史事，殊伤道德。即或比附史事，加以色泽，或并穿插其间，世间亦自有此一体。然不应将无作有，以流言掩实事。止可以其事本属离奇，而用文笔加甚之，不得节外生枝，纯用指鹿为马方法，对历史上肆无忌惮，毁记载之信用。事关公德，不可不辨也。

董小宛之殁也，在顺治八年辛卯之正月初二日，得年二十有八。盖生于明天启四年甲子，是为清太祖天命十年，国号后金，未定名为清也。越十四年，为明崇祯十一年戊寅。清太宗于是年之前一年改元崇德，始建国号曰清，于此为崇德二年。正月三十日戌时，世祖始生，而为小宛之十五岁。

陈其年《湖海楼诗·寿冒巢民先生七十》云："先生庚子届五秩，我适来捧金屈卮。娄东作序字碗大，研缭绫上蟠蛟螭。十年庚戌再祝嘏，合肥夫子为之词。花前秃笔扫屏障，酒痕墨渖交淋漓。今春庚申又七十，佳郎赌著斑斓嬉。”据此则巢民生于明万历三十九年辛亥，至顺治十七年庚子为五十，康熙九年庚戌为六十，康熙十九年庚申为七十也。庚申之前一年己未，为清代第一次开鸿博科，其年以是年入翰林。巢民之五十寿言，出吴梅村手。六十寿言，出龚芝麓手。七十寿言，乃出其年手，正其年入翰林之次年也。梅村寿文，今见《集》中。巢民至八十三而终。八十寿言，出韩元少手，亦见《有怀堂集》。

由庚子上推顺治七年庚寅，为巢民之四十岁。巢民忆小宛之情词，具在《影梅庵忆语》。《忆语》云：“客春三月，欲长去盐官，访患难相恤诸友。至邗上，为同社所淹。时余正四十，诸名流咸为赋诗。龚奉常独谱姬始末，成数千言，《帝京篇》《连昌宫》，不足比拟。奉常云：‘子不自注，则余苦心不见，如桃花瘦尽春醒面七字，绾合乙卯醉晤、壬午病晤两番光景，谁则知者？’余时应之，未即下笔”云云。又曰：“讵谓我侑卮之辞，乃姬誓墓之状耶？读余此杂述，当知诸公之诗之妙，而去春不注奉常诗，盖至迟之今日，常以血泪和隃麋也”云云。据此则巢民之作《忆语》，在庚寅四十初度之明年，为顺治八年辛卯。

《忆语》又曰：“客岁新春二日，即为余抄选全唐五七言绝句上下二卷。是日，偶读七岁女子‘所嗟人异雁，不作一行归’之句，为之凄然下泪。至夜和成八绝，哀声怨响，不堪卒读。余挑灯一见，大为不怿，即夺之焚去，遂失其稿。伤哉异哉。今岁恰以是日长逝也”云云。所云客岁，即是庚寅。所云今岁，即是辛卯。新正二日长逝，其确证如此。

《忆语》又云："姬在别室四月，荆人携之归。入门，吾母太恭人与荆人见而爱异之，加以殊眷。幼姑长姊，尤珍重相亲，谓其德行举止，均非常人。而姬之侍左右，服劳承旨，较婢妇有加无已。烹茗剥果，必手进。开眉解意，爬背喻痒。当大寒暑，折胶铄金时，必拱立座隅，强之坐饮食。旋坐旋饮食旋起，执役拱立如初。余每课两儿文，不称意，加夏楚，姬必督之改削成章，庄书以进，至夜不懈。越九年，与荆人无一言枘凿，至于视众御下，慈让不遑，咸感其惠。余出入应酬之费，与荆人日用，金错泉布，皆出姬手。姬不私铢两，不爱积蓄，不制一宝粟钗钿，死能弥留。元旦次日，必欲求见老母，始瞑目。而一身之外，金珠红紫尽却之，不以殉，洵称异人"云云。此处又可证小宛之死，为元旦次日。巢民记其弥留之状，并记其殉物，此为夭死于家，绝无影响异词，可供捃摭也。巢民之妇苏氏，与巢民同年，见梅村寿文。

小宛之年，各家言止二十七岁。既见于张明弼所作《小宛传》，又余淡心《板桥杂记》云："小宛事辟疆九年。年二十七，以劳瘁死。辟疆作《影梅庵忆语》二千四百言哭之。"张、余皆纪小宛之年，淡心尤记其死因，为由于劳瘁，盖亦从《影梅庵忆语》中之词旨也。然据《忆语》，则当得年二十有八。

明崇祯十二年己卯，为清太宗崇德三年。南都乡试，巢民来秦淮，吴次尾、方密之、侯朝宗咸称小宛。巢民初未过访也，至下第后送其尊人入粤，乃至吴门。时小宛已移居吴，巢民与之相见于半塘，是为识面之始。是年小宛十六岁，清世祖则为二岁，巢民则为二十九岁。

己卯，应试南都，从吴、方、侯诸公闻小宛名，见张明弼所之作传。《忆语》则云："己卯初夏，应试白门，晤密之云：'秦淮佳丽，近有双成，年甚绮，才色为一时之冠。'余访之，则以厌薄纷华，挈家去金阊矣。嗣下第，浪游吴门，屡访之半塘，时逗留洞庭不返。名与姬颉颃者，有沙九畹、杨漪炤。予日游两生间，独咫尺不见姬。将归棹，重往冀一见。姬母秀且贤，劳余曰：'君数来矣，予女幸在舍。薄醉未醒。'然稍停复他出。从花径扶姬于曲阑，与余晤。面晕浅春，缬眼流视，香姿玉色，神韵天然，懒慢不交一语。余惊爱之，惜其倦，遂别归。此良晤之始也。时姬年十六"云云。据此则小宛之年，当以巢民所自记者为信。若如张传余记之言，是年当止十五，否则当死于顺治七年庚寅，总之与《忆语》不合，故断为小宛死于二十八岁时也。

巢民记与小宛相见情状如此，则张传所云，方、侯、吴诸公称小宛，而巢民不信，因不访小宛。小宛则时时从人问巢民。及半塘相见，连称巢民为异人异人，皆未免过为妆点。

崇祯十五年壬午春，小宛病中再晤巢民，始有委身之意。暨从至南都乡试，九月七日榜发，巢民中副车。十月至润州，谒房师郑某，乃闻小宛归冒念切，生死以之。某刺史任黄衫押衙，而负累缪轕，事已决裂。旋得虞山钱牧斋闻讯而来，以大力斡旋，三日为之区画立尽，以十二月望，送至如皋。巢民不敢白其尊人，居之别室，四阅月乃归，盖在十六年癸未之春矣。是为小宛之以十九岁归于冒，二十岁始与夫妇同居。时巢民为三十二至三十三岁，清世祖为五岁至六岁。清太宗以癸未殁，世祖六岁嗣位，明年改元顺治矣。

《忆语》云："壬午仲春，都门政府言路诸公，恤劳人之劳，怜独子之苦，驰量移之耗，先报余。时正在毗陵，闻言如石去心。因便过吴门慰陈姬。盖残冬屡趣余，未皆答。至则十日前复为窦霍门下客以势逼去。先吴门有婼之者，集千人哗劫之，势家复为大言挟诈，又不惜数千金为贿。地方恐贻伊戚，劫出复纳入。余至，怅惘无极。然以急严亲患难，负一女子无憾也”云云。巢民当辛巳、壬午之间，婼陈姬，订嫁娶甚坚。自乙卯晤小宛，彼此初无意也。此陈姬在《忆语》中于辛巳早春相识，审其踪迹，当即陈圆圆。以无预小宛事，不赘。

又云：“是晚壹郁，因与友觅舟去虎疁夜游，明日遣人之襄阳，便解维归里。舟过一桥，见小楼立水边。偶询游人，此何处，何人所居。友以双成馆对。余三年积念，不禁狂喜，即停舟相访。友阻云：‘彼亦为势家所惊，危病十有八日。母死，鐍户不见客。’余强之上，叩门至再三。始启户，灯火阒如，宛转登楼，则药饵满几榻。姬沉吟询何来。余告以昔年曲阑醉晤人。姬忆泪下曰：‘曩君屡过余，虽仅一见，余母恒背称君奇秀，谓余惜不共君盘桓，今三年矣。余母新死，见君忆母，言犹在耳。今从何处来？’便强起揭帷帐审视余，且移灯留坐榻上。谭有顷”云云。此时情景，决其于己卯初见时，非有深契，益证张传之不免附会。所云“势家”，当即后父周奎，时思间田贵妃之宠，选色于吴，冀蛊思宗，圆圆去而小宛获免也。后吴三桂之得圆圆，即得之于周邸。至巢民之眷圆圆，更有记载可凭。陈其年《妇人集》云：“姑苏女子圆圆，字畹芬，戾家女子也，色艺擅一时。如皋冒先生常言，‘妇人以姿致为主，色次之。碌碌双鬟，难其选也。蕙心纨质，淡秀天然，生平所觏，则独有圆圆耳’。”据此则巢民之倾倒于圆圆，少日风流可想矣。又云：“壬午清和晦日，姬送余至北固山下，坚欲从渡江归里。余辞之力，益哀切不肯行。舟泊江边”云云。又云:“偕登金山,时四五龙舟,冲波激荡而上”云云。此为壬午四五月间事。

又云:“登金山誓江流曰:‘妾此身如江水东下,断不复返吴门。’余变色拒绝,告以期逼科试,年来以大人滞危疆,家事委弃老母,定省俱违,今始经理一切。且姬吴门责逋甚众,金陵落籍,亦费商量,仍归吴门。俟季夏应试,相约同赴金陵。秋试毕,第与否始暇及此。此时缠绵,两妨无益。姬仍踌躇不肯行。时五木在几,一友戏云:‘卿果终如愿,当一掷得巧。’姬肃拜于船窗。祝毕,一掷得全六,时同舟称异。余谓果属天成,仓猝不臧,反偾乃事,不如暂去徐图之。不得已,始掩面痛哭,失声而别。余虽怜姬,然得轻身归,如释重负。才抵海陵,旋就试,至六月抵家。荆人对余云:‘姬令其父先已过江来云,姬返吴门,茹素不出,惟翘首听金陵偕行之约。闻言心异,以十金遣其父去曰,我已怜其意而许之,但令静俟毕场事后,无不可耳。’余感荆人相成相许之雅,遂不践走使迎姬之约,竟赴金陵,俟场后报姬”云云。此为壬午五六月间事。明南畿设提学道二,江北学道署在泰州,江南学道署在江阴,清初尚沿之。巢民就试海陵,应是年科试耳。

又云:“金桂月三五之辰,余方出闱。姬猝到桃叶寓馆”云云。又云:“场事既竣,余妄意必第。自谓此后当料理姬事,以报其志。讵十七日,忽传家君舟抵江干,盖不赴宝庆之调,自楚休致矣。时已二载违养,冒兵火生还,喜出望外,遂不及为姬商去留,竟从龙潭尾家君舟抵銮江。家君阅余文,谓余必第。复留之銮江候榜。姬从桃叶寓馆,仍发舟追余”云云。又云:“七日乃榜发。余中副车,穷日夜力归里门,而姬痛哭相随,不肯返。且细悉姬吴门诸事,非一手足力所能了，责逋者见其远来，益多奢望，众口狺狺，且严亲甫归。余复下第意阻，万难即谐。舟抵郭外朴巢，遂冷面铁心，与姬诀别，仍令姬归吴门，以厌责逋之意，而后事可为也”云云。此为壬午八九两月间事。

又云：“阳月过润州，谒房师郑公。适奴子自姬处来，云姬归不脱去时衣，此时尚方空在体，谓余不速往图之，彼甘冻死。刘大行指余曰：‘辟疆夙称风义，固如是负一女子耶？’余云：‘黄衫押衙，非君平所能自为。’刺史举杯奋袂曰：‘若以千斤恣我出入，即于今日往。’陈大将军立贷数百金，大行以葠数斤佐之。讵谓刺史至吴门，不善调停，众哗，决裂，逸去吴江。余复还里不及讯。姬孤身维谷，难以收拾。虞山宗伯闻之，亲至半塘，纳姬舟中。上至缙绅，下及市井，纤悉大小，三日为之区画立尽，索券盈尺，楼船张宴，与姬饯于虎疁，旋买舟送至吾皋。至月之望，薄暮侍家君饮于拙存堂，忽传姬抵河干。接宗伯书，娓娓洒洒，始悉其状。且即驰书贵门生张祠部，立为落籍。吴门后有细琐，则周仪部终之。而南中则李总宪旧为礼垣者，与有力焉。越十月，愿始毕。然往返葛藤，则万斛心血所灌注而成也”云云。是为壬午十月至十二月间事。是年仲春因访陈圆不遇而改觅小宛，遂坚订归冒。至是历十月，故言越十月愿始毕也。

《赖古堂尺牍·钱谦益与冒辟疆》云：“武林舟次，得接眉宇，乃知果为天下士，不虚所闻，非独淮海维扬一俊人也。救荒一事，推而行之，岂非今日之富郑公乎？闱中虽能物色，不免五云过眼，天将老其材而大用之，幸努力自爱，衰迟病发，田光先生所谓驽马先之之日也。然每见骐骥，犹欲望影嘶风，知不满高明一笑耳。双成得脱尘网，仍是青鸟窗前物也。渔仲放手作古押衙，仆何敢贪天功。他时汤饼筵前，幸不以生客见拒，何如？嘉贶种种，敢不拜命，花露海错，错列优昙阁中，焚香酌酒，亦岁晚一段清福也。”此札不入汪东山所刻《牧斋尺牍》之中，今刻补遗乃入之。详其文义，尚是一面之后，初通书问。且于巢民误中副车，方作慰藉之语，知必系周旋小宛事之后，所通第一书，即《忆语》所谓“接宗伯书娓娓洒洒”者也。观书末有花露海错，致谢嘉贶，则虞山之好事，亦冒氏有以求之。又言岁晚清福，则作书时必已在腊月。至书达时为月之望日。可知其必为十二月之望也。

小宛至冒氏，先局别室，四阅月乃归与嫡同居，则在癸未之初夏矣。

崇祯十七年即清世祖顺治元年。春，流贼入京师，庄烈帝以三月十九日缢死。四月望后，确信始达如皋，一时骇走。时南都方议拥立宏光，以五月朔即位，而冒氏亦以五月五日返其居。中秋日，巢民入南都，别小宛五阅月，岁杪回里，挈家之父嵩少公江南粮储任所，旋即流寓盐官。是年小宛为二十一岁，巢民三十四岁，清世祖则七岁也。

《忆语》云：“甲申三月十九之变，余邑清和望后，始闻的耗。邑之司命者甚懦，豹虎狰狞踞城内，声言焚劫。郡中又有兴平兵四溃之警，同里绅衿大户，一时鸟兽骇散，咸去江南。余家集贤里，世恂让，家君以不出门自固。阅数日，上下三十余家，仅我灶有炊烟耳。老母荆人惧，暂避郭外，留姬侍余。姬扃内室，经纪衣物书画文券，各分精粗，散付诸仆婢，皆手书封识。群横日劫，杀人如草，而邻右人影落落如晨星。势难独立，只得觅小舟，奉两亲挈家累，欲冲险从南江渡澄江北。一黑夜六十里，抵泛湖洲朱宅。江上已盗贼蜂起，先从间道微服送家君从靖江行。夜半，家君向余曰：'途行需碎金无从办。'余向姬索之，姬出一布囊，自分许至钱许。每十两，可数百小块，皆小书轻重于其上，以便仓卒随手取用。家君见之讶且叹，谓姬何暇精细如此。"

又曰："午节返吾庐，衽金革与城内枭獍为伍者十旬，至中秋始渡江入南都。别姬五阅月，残腊乃回。挈家随家君之督漕任，去江南，嗣寄居盐官"云云。据此则甲申残腊，巢民回里挈家，《忆语》即接"寄居盐官"，似尚为甲申年内之事。又按陈其年《嵩少冒公墓志铭》："甲申复补漕储，而南北之变起，公于是不复仕矣。"夫南北变起，正谓和议决裂，偏安之局无成。盖宏光时犹称清为北朝，而明以南朝自居也。嵩少之任粮储，盖已无意仕宦，以挈家赴任为名，实则寄居盐官。证之各家诗文，当在高杰乱时。说详下。

宏光乙酉，清顺治二年，五月破南都。巢民先奉父移家盐官，依死友陈梁，与小宛颇事文艺。小宛著《奁艳》，不废娱乐。至南都破后，清兵复下江浙，乱离奔走，阅百日，复返盐官。九月而巢民病，自冬徂春乃已。冬至后渡江北归，暂栖海陵，以养疾焉。是年小宛为二十二岁，巢民三十五岁。

陈其年《嵩少冒公墓志》："时江淮盗贼蜂起，皋邑城外则灶户，而城内则中营。白昼杀人，县门火日夜不绝。公度无可如何，则率家属而依盐官之陈梁以居。陈梁者，公子死友也。梁当未与公子交时，则已从公游矣。"据此则率家属往盐官，实为嵩少之意。江淮盗贼，正指高杰辈，吴梅村《题冒辟疆名姬董白小像》八首，中有一首云："乱梳云髻下高楼，尽室仓皇过渡头。钿合金钗浑抛却，高家兵马在扬州。”可以证之矣。又梅村诗题下小引，亦有“高无赖争地称兵”语，皆指此。

黄梨洲《弘光实录钞》：“高杰以乙酉正月十三日，为许定国所杀。其逼扬州也，在甲申九月间，与黄得功相攻。嗣是督师史公，恒为高杰所胁，江北骚然。冒氏挈家避之。正在甲申之冬，若至乙酉正月杰死以后，梅村不应言高家兵马矣。或以梅村此诗，疑小宛先为高杰所得，后乃由兵间流转入燕，则又未知杰死在乙酉正月，而小宛之著书侍疾，世所艳称之迹，皆在乙酉正月以后也。”

《忆语》云：“乙酉客盐官，尝向诸友借书读之，凡有奇僻，命姬手钞。姬于事涉闺阁者，则另录一帙，归来与姬遍搜诸书，续成之，名曰《奁艳》。其书之瑰异精秘，凡古人女子自顶至踵，以及服食器具，亭台歌舞，针神才藻，下及虫鱼鸟兽，即草木之无情者，稍涉有情，皆归香丽。今细字红笺，类分条析，俱在奁中。客春顾夫人远向姬借阅此书，与龚奉常极赞其妙，促绣梓之。余即当忍痛为之校雠鸠工，以终姬志”云云。按乙酉五月以后为丧乱，九月以后又为疾厄，观下文自明。此节雅兴，必为乙酉春夏间事。

又云：“乙酉流寓盐官，五月复值奔陷。余骨肉不过八口，去夏江上之累，缘仆妇杂沓奔赴，动至百口，又以笨重行李，四塞舟车，故不能轻身去。且来窥瞷，此番决计置生死于度外，扃户不他之。乃盐官城中，自相残杀，甚哄，两亲又不能安，复移郭外大白居。余独令姬率婢妇守寓，不发一人一物出城，以贻身累。即侍两亲挈妻子流离，亦以孑身往。乃事不如意，家人行李纷沓，违命而出，大兵迫槜李。剃发之令初下，人心益惶惶。家君复先去惹山，内外莫知所措。余因与姬决，‘此番溃散，不似家园，尚有左右之者。而孤身累重，与其临难舍子，不若先为之地。我有年友，信义多才，以子托之，此后如复相见，当结平生欢，否则听子自裁，毋以我为念’。姬曰：‘君言善。举室皆倚君为命，复命不自君出，君堂上膝下，有百倍重于我者，乃以我牵君之臆，非徒无益而又害之。我随君友去，苟可自全，誓当匍匐以待君回。脱有不测，与君纵观大海，狂澜万顷，是吾葬身处也。’方命之行，而两亲以余独割姬为憾，复携之去。自此百日，皆展转深林僻路，茅屋渔艇，或月一徙，或日一徙，或一日数徙，饥寒风雨，苦不具述。卒于马鞍山遇大兵，杀掠奇惨。天幸得一小舟，八口飞渡，骨肉得全，而姬之惊悸瘁瘏，至矣尽矣。

又云：“秦溪蒙难之后，仅以俯仰八口免。维时仆婢杀掠者几二十口，生平所蓄玩物及衣具，靡孑遗矣。乱稍定，匍匐入城，告急于诸友，即襆被不办，夜假荫于方坦庵年伯。方亦窜迹初回，仅得一毡，与三兄共裹卧耳房。时当残秋，窗风四射。翌日，各乞斗米束薪于诸家，始暂迎二亲及家累返旧寓。余则感寒，痢疟沓作矣。横白板扉为榻，去地尺许，积数破絮为卫，炉煨霜节，药缺攻补。且乱阻吴门，又传闻家难剧起，自重九后溃乱沉迷，迄冬至前僵死。一夜复苏，始得间关破舟，从骨林肉莽中，冒险渡江，犹不敢竟归家园，暂栖海陵。阅冬春百五十日，病方稍痊。此百五十日，姬仅卷一破席，横陈榻旁，寒则拥抱，热则披拂，痛则抚摩，或枕其身，或卫其足，或欠伸起伏，为之左右翼。凡痛骨之所适，皆以身就之。鹿鹿永夜，无形无声，皆存视听。汤药手口交进，下至粪秽，皆接以目鼻，细察色味，以为忧喜。日食粗粝一餐，与吁天稽首外，惟跪立我前，温慰曲说，以求我之破颜。余病失常性，时发暴怒，诟谇之至，色不少忤，越五月如一日。每见姬星靥如腊，弱骨如柴，吾母太恭人及荆妻怜之感之，愿代假一息。姬曰：‘竭我心力，以殉夫子。夫子生而余死犹生也。脱夫子不测，余留此身于兵燹间，将安寄托？’更忆病剧时，长夜不寐，莽风飘瓦，盐官城中，日杀数十百人，夜半鬼声啾啸，来我破窗前，如蛩如箭，举室饥寒之人，皆辛苦齁睡。余背贴姬心而坐，姬以手固握余手，倾耳静听，凄激荒惨，唏嘘流涕。姬谓余曰：‘我入君门整四岁，蚤夜见君所为，慷慨多风义，豪发几微，不邻薄恶。凡君受过之处，余敬之亮之，敬君之心，实逾于爱君之身。鬼神赞叹畏避之身也，冥漠有知，定加默祐。但人生身当此境，奇惨异险，动静备历，苟非金石，鲜不销亡，异日幸生还，当与君敝屣万有，逍遥物外，慎毋忘此际此语’”云云。

按《忆语》仅言避兵，其实当时并避仇。吴梅村《题董白小像》又有云：“念家山破定风波，郎按新词妾唱歌。恨杀南朝阮司马，累侬夫婿病愁多。”阮司马指阮大铖也。又其小引云：“则有白下权家，芜城乱帅，阮佃夫刊章置狱，高无赖争地称兵，奔迸流离，缠绵疾苦，支持药裹，慰劳羁愁。”据此则以权家与乱帅并称，阮佃夫与高无赖骈举，同指为奔迸流离之原因，此可知甲申冬间之情事矣。

又梅村《冒辟疆寿序》：“甲申之乱，彼以攀附骤枋用，兴大狱，修旧隙，定生为所得，几填牢户。朝宗遁之故鄣山中，南中人多为辟疆耳目者，跳而免。”又《侯朝宗年谱》：“甲申，阮大铖复逮捕公，公渡江依史可法于扬州。乙酉，省司徒公于徽州，假道宜兴，访陈定生。阮大铖廉得之，就定生舍逮公。大兵下江南，弘光出奔，明亡，公狱得解”云云。以其时考之，乙酉之春，阮祸方急，盐官所投者为死友陈梁。当南都未破以前，巢民踪迹，不敢自暴，非寻常避难之比，以深居简出，与小宛怡情翰墨。迨五月以后，则仇解而兵迫,乃真避乱时矣。

梅村小引又云:“苟君家免乎,勿复相顾,宁吾身死耳,遑恤其劳。”此即撮叙《忆语》中词意。张明弼《董小宛传》:“申酉崩坼,辟疆避难渡江,与举家遁浙之盐官,屡危九死。姬不以身先,则愿以身后,宁使兵得我则释君,君其问我于泉府耳。中间智计百出,保全实多”云云。此亦敷衍《忆语》而为之。世乃以其中“宁吾身死耳”句,“宁使兵得我”句,遂生无数疑团。岂知小宛之侍疾等事,皆在此后。张传明言:“后辟疆虽不死于兵,而濒死于病。姬凡侍药不间寝食者必百昼夜。事平始得同归故里”云云,则文章本甚明白,甚矣。好事者之故生支节也。

是年巢民由盐官归,渡江暂住海陵,以如皋方乱之故。《东华录》:“顺治二年乙酉十二月癸巳以后,书漕运总督王文奎奏:如皋贼首于锡凡、刘一雄等,久聚江海,为总兵官孔希贵、苏见乐所擒,如皋一带悉平。”癸巳为十二月十五。《东华录》所谓贼首,即明之所谓遗民。如皋兵事,至岁杪乃有平靖之奏报,则可知冒氏于是冬逗留海陵之故矣。

顺治三年丙戌春,巢民病未愈,至春暮乃起。是年小宛二十三岁,巢民三十六岁。

《忆语》无涉及是年事,惟巢民以乙酉深秋病,自冬涉春,历百五十日乃愈,则知以是年春暮病起耳。世传小宛为清豫王多铎兵间携之入宫。多铎下江南,乙酉五月破南都,六月即入浙,十月班师还京。小宛之事巢民,事迹固多在是年之后,即世言孀妇刘三秀事,传者明谓其入宫,亦绝非豫王所掠致。豫王以二年十月还京,即不再南下,六年遽卒。三秀事据《过墟志》,亦至李成栋叛后,随李家属送南京。乡曲流言,固多不足信也。

顺治四年丁亥,巢民遭蜚语,几殆。夏复病,历两月而解。于是江南多事,故明遗老,多有起兵受祸者。是年小宛二十四岁,巢民三十七岁。

《忆语》云:"丁亥谗口铄金,太行千盘横起人面,余胸坟五岳,长夏郁蟠,惟蚤夜焚二纸告关帝君。久抱奇疾,血下数斗,肠胃中积如石之块以千计,骤寒骤热,片时数千语,皆首尾无端,或数昼夜不知醒。医者妄投以补,病益笃,勺水不入口者二十余日。此番莫不谓其必死,余心则炯炯然,盖余之病不从境入也。姬当大火铄金时,不挥汗,不驱蚊,昼夜坐药炉傍,密伺余于枕边足畔六十昼夜。凡我意之所及与意之所未及,咸先后之。"

按《东华录》:"丁亥四月辛卯,江宁巡抚土国宝奏苏、松提督吴胜兆谋叛。五月己酉,初,故明废绅侯峒曾等,遣奸细潜通伪鲁王,为柘林游击陈可所获,中有伪敕一道,反间招抚大学士洪承畴,及巡抚土国宝等。事闻觉其诈,于是谕江宁等处昂邦章京巴山张大猷曰:'尔等镇守地方,遇有乱萌及奸细往来,严察获解,具见尔等公忠尽职。大学士洪承畴,巡抚土国宝,皆因致力我朝,故贼用间谍诬陷。总兵吴胜兆监收奸细谢尧文,供称嘉定县废绅侯峒曾子侯悬瀞等,具逆疏付尧文,潜通鲁王。尔等即将奸细谢尧文,窝逆之孙梢,及有名各犯,拘提到官。公同大学士洪承畴,操江巡抚陈锦,严行审究具奏。'己未,招抚大学士洪承畴,奏故明推官陈子龙,阴受伪鲁王部院职衔,结连太湖巨寇,潜通舟山余孽。"

以上皆丁亥四五月间事,其侯悬瀞之疏,被获于四月初四日,亦见《东华录》中。悬瀞后亡命投扬州天宁寺为僧以死,法名圆鉴。

《梅村诗话》载圆鉴诗，不敢举其故名，但称为练川大家子者也。又按《有学集》，牧斋亦于丁亥三月晦日被急征至江宁下狱，旋释之。巢民与遗老多通声气，此铄金之口所又来欤。

顺治五年戊子，患难初定。小宛有制金条脱，以摹天上流霞事。盖稍自宽矣。是年小宛为二十五岁，巢民为三十八岁。

《忆语》云："姬之衣饰，尽失于患难，归来淡足，不置一物。戊子七夕，看天上流霞，忽欲以黄条脱摹之，命余书乞巧二字，无以属对。姬曰：'曩于黄山巨室，见覆祥云真宣炉，款式佳绝，请以覆祥对乞巧。'镌摹颇妙。越一岁，钏忽中断，复为之，恰七月也。余易书比翼连理。姬临终时，自顶至踵，不用一金珠纨绮，独留条脱不去手，以余勒书故。长生私语，乃太真死后，凭洪都客述明皇者，当日何以率书，竟令长恨再谱也。"

顺治六年己丑秋，巢民复病疽，阅百日乃瘳。小宛以三侍危疾也，为诸家传状诗文所艳称，盖至是为毕乃事矣。是年小宛二十六岁，巢民年三十九岁。

《忆语》云："己丑秋，疽发于背，复如是百日。余五年危疾者三，而所逢者皆死疾。惟余以不死待之。微姬力，恐未必能坚以不死也。今姬先我死，而永诀时惟虑以伊死增余病，又虑余病无伊以相待也。姬之生死，为余缠绵如此，痛哉痛哉。"

按小宛侍巢民裒集四唐诗，当创始于是年以前，至迟亦必在是年。《忆语》云："余数年来，欲裒集四唐诗。"云数年来，则小宛以辛卯正月二日死。《忆语》即成于辛卯，知裒集之事，必不始于庚寅。又云："编年论人，准之《唐书》。姬终日佐余稽查抄写，细心商订，永日终夜，相对忘言。阅诗所不解，而又出慧解以解之，尤好熟读

《楚辞》，少陵、义山、王建、花蕊夫人、王珪、三家宫词，等身之书，周回座右。午夜衾枕间，犹拥数十家唐诗而卧。今秘阁尘封，余不忍启，将来此志，谁克与终，付之一叹而已。”

巢民以是年秋病疽，而重书“比翼连理”之条脱。据上述，在今年七月，则病在七月以后。

顺治七年庚寅，正月二日。即有诗谶，为明年是日之咎征。先是冒氏虽已归里，而尚往来于盐官。至是年三月，乃长去盐官。龚芝麓在南中，与诸名士为巢民称寿，篇什甚富，无不兼美小宛。三月杪，巢民又得凶梦，亦兆小宛之死。小宛与巢民论学，有论后汉陈仲举、范、郭诸传事，并为买侍儿吴扣扣。是年小宛为二十七岁，巢民为四十岁。

《忆语》云：“姬书法秀媚，学钟太傅稍瘦，后又学曹娥。余每有丹黄，必对泓颖，或静夜焚香，细细手录。闺中诗史成帙，皆遗迹也。小有吟咏，多不自存。客岁新春二日，即为余抄选全唐五七言绝句，上下二卷”云云。和七岁女子诗，事已具前。

又云：“客春三月，欲长去盐官，访患难相恤诸友。至邗上，为同社所淹。时余正四十，诸名流咸为赋诗。龚奉常云云。事亦具前。他如园次之‘自昔文人称孝子，果然名士悦倾城’，于皇之‘大妇同行小妇尾’，孝威之‘人在树间殊有意，妇来花下却能文’，心甫之‘珊瑚笔架香印屧，著富名山金屋尊’，仙期之‘锦瑟蛾眉随分老，芙蓉园上万花红’，仲谋之‘君今四十能高举，羡尔鸿妻佐舂杵’，吾邑徂徕先生‘韬藏经济一巢朴，游戏莺花西阁和’，元旦之‘蛾眉问字佐书帏’，皆为余庆得姬。讵谓我侑卮之词，乃姬誓墓之状耶。读余此杂述，当知诸公之诗之妙，而去春不注奉常诗，盖至迟之今日，当以血泪和喻麋也。”按小宛于乙酉撰《奁艳》，至是为顾夫人借阅，与龚奉常极赞其妙。《忆语》所谓客春，即此时事也，已见前引。

又云：“三月之杪，余复移寓友沂友云轩，久客卧雨，怀家正剧。晚霁，龚奉常偕于皇、园次，过慰留饮，听小奚管弦度曲时，余归思更切。因限韵各作诗四首，不知何故，诗中咸有商音。三鼓别去，余甫着枕，便梦还家，举室皆见，独不见姬。急询荆人，不答。复偏觅之，但见荆人背余下泪。余梦中大呼曰：‘岂死耶？’一恸而醒。姬每春必抱病，余深疑虑。旋归，则姬固无恙。因间述此相告，姬曰：‘甚异，前亦于是夜梦数人强余去，匿之幸脱，其人狺狺不休也。’讵知梦真而诗谶咸来先告哉。”又云：“犹忆前岁，余读东汉，至陈仲举、范、郭诸传，为之抚几。姬一一求解其始末，发不平之色，而妙出持平之议，堪作一则史论。”陈其年《吴姬扣扣小传》：“今年中秋后二日，绮岁正十九，先生将为饰孔翠，傅阿锡，备小星嘉礼焉。而先期一月，姬遂病，病一月遂死，先生哭之恸。”据此则扣扣殁时年止十九。又曰：“先生曰：‘姬八岁从父受书，习戈法，英慧异常儿，举止娟好，肌理如朝霞，眉妩间作浅黛色，宛君见而怜之。’私谓余曰：‘是儿可念，君他日香奁中物也。’然姬性颇厌铅华，十岁即守木叉戒，茹素，随余母太恭人诵佛及《金刚经》，晨夕不辍，已知其再来人矣。而余自宛君新殁，香垆茗碗，拂拭无人，残月晓风，彷徨四顾。暇时偶忆宛君前言，内人复怂恿不置，十三四即留姬随余读书。”据此则扣扣八岁以前从父受书，未入冒氏。八岁始归冒，而小宛犹在。且不云病时语。小宛死于辛卯正月初二，扣扣之来侍小宛，必在辛卯以前明矣。又《吴诗集览》引辟疆《兰言》云：“辛丑夏，余滞邗上。时闺中有小姬扣扣，寄小笺云：‘见兰之受露，感人之离思。'余归戏询曰:'那得此好句?'答云:'选赋见红兰之受露,我仅翦却一红字耳。'去今十六年,扣扣化影梅庵畔黄土矣。"据此则辛丑年扣扣犹在。扣扣年止十九,则辛丑必即扣扣之殁年。上溯庚寅,正为八岁。故知纳扣扣为是年事也。影梅庵为小宛葬处,故《忆语》以此命名。详下。

顺治八年辛卯,正月二日,小宛死。是年小宛为二十八岁,巢民为四十一岁,而清太祖则犹十四岁之童年。盖小宛之年长以倍,谓有入宫邀宠之理乎?当是时江南军事久平,亦无由再有乱离掠夺之事。小宛死葬影梅庵,坟墓具在。越数年,陈其年偕巢民往吊有诗。迄今读清初诸家诗文集,于小宛之死,见而挽之者有吴园次,闻而唁之者有龚芝麓,为耳目所及焉。

《陈其年诗集》有题云《春日巢民先生挐舟约同务旃诸子过朴巢,并问影梅庵》,自注题下云"庵为董姬葬处"。按其年以顺治十五年戊戌始至如皋,戴务旃则以十六年己亥至,然则此诗必己亥以后之作。盖据《其年集》别有《将发如皋留别冒巢民先生》诗,首云:"忆我过如皋,太母正悬帨。是为戊戌冬,层冰养寒厉。"中云:"汤饼宴未终,椒盘倏逾岁。新年戴生至,高斋日联袂。"自注:"戴生,务旃也。"又云:"荏苒六七年,华轩命予憩。吁嗟数年中,旧事不堪计。"然则陈、戴同客冒氏,始于己亥之春,其后六七年,其年常在如皋,或亦与戴相偕,要必在己亥以往矣。小宛之死为正月二日,《忆语》共两见,皆已见前。

《林蕙堂集》有《挽董少君四律并序》。序言:"少君名白,字小宛,桃叶名媛也。"中叙始末,与诸家所述略同。末云:"某偶游射雉,恰值骑鸾,见奉倩之神伤,为安仁而气尽。"此可知园次乃亲见而挽之者。其诗第二首云:“麻姑去后小姑闲,独剩双成又早还。”似巢民尚有他姬先逝者。

《结邻集·龚芝麓与冒辟疆书》:“洞老至都,出示手翰,一时风雨飒然,玉碎珠销,断魂千古。弟于宛君如嫂,虽缺郁金堂下一拜之缘,而玉兰花底,醉沛淋漓,犹仿佛欢场,宣扬幽蒨,至今美人云气,缭绕玳瑁之床。香魂有知,姗姗紫幄中,尚谓金兰谱中人,有为助哭申吁,泣名花而悲晓露者,不可云非弟管幅之遭也。阮公邻女之戚,情至不堪,况于我辈,骨肉关情,尤宜分痛。钟退谷云,好友在四方,而造物或收之,矧其在闺阁之中。天不怜才,遂令犀钿蝉鬟,与文士平分鹦鹉之恨。道翁其姑念琉璃易碎,能少解黄尘碧海之郁陶乎?《忆语》大刻,钟情特至,展之不禁雪涕,沉香亲刻管夫人。不是过也。诔词二十余言,宛转凄迷,玉笛九回,霜猿三下矣。欲附数言于芳华之末,为沅澧招魂。劈笺探韵,絮语神伤,而蟋蟀哀音,转多幽咽,属思未竟,惆怅无端,徐之必有以祝桂旗而酹翠羽,未敢忘也。”此知芝麓乃闻而唁之者。函中涉及“《忆语》大刻”,则已在《忆语》刻成之后矣。

以上纪小宛事,按年分列,曲折具备,可以扫近日秕说,又有妄引清初人诗,为不根之谈者,附志以见其谬。

王渔洋有《题冒辟疆姬人圆玉女罗画三首》,第二首云:“记取凌波微步来,明珠翠羽共徘徊。洛川淼淼神人隔,空费陈王八斗才。”说者以是指圆玉女罗为小宛之庾词,谓渔洋至不敢明言小宛,而谬为圆玉女罗之名,一若冒氏姬人,仅一小宛也者,不考孰甚。至此诗自注“水仙”二字,盖二姬杂画,渔洋偶题其三。首题竦篁寒雀,次水仙,次则苹花戏鱼也。

陈其年《寿冒巢民先生七十》诗，末云："插花献罼者谁子，此是红闺双画师。"自注："先生有两姬人，善丹青。"则当巢民七十时尚有此善画之两姬。若小宛之画，既见《忆语》，又见梅村诗，当时固亦擅此，然渔洋之识巢民，已在作扬州推官时，题此画之年，《集》又明载为丙辰，则为康熙十五年，与巢民七十之年近矣。

阮文达《广陵诗事》："辟疆姬人继小宛后者，有蔡女罗含，尝学绘事，工苍松墨凤，山水禽鱼花草，与金姬晓珠，称两画史。吴园次《谢女罗画凤启》云：'借丹穴之灵毛，图成比翼。用红窗之偶影，绘作双栖。'钱武子德震，张孺子圯授，皆有《墨凤歌》。戴洵有《得全堂观画松歌》，句云：'凭君卷藏画笥里，晴空恐有蛟龙起。舒张鳞爪挟以飞，吸尽蓬莱清浅水。'李书云亦有诗云：'咏絮才高兄子句，簪花格擅美人工。小窗闲作丹青谱，身在花香百和中。'晓珠名玥，昆山人，与女罗继小宛侍辟疆。蔡早逝，炉香茗椀，辟疆赖之，尝刲股进药，使七十八老人再生。汪舟次楫跋《巢民楷书〈洛神赋〉晓珠手临〈洛神图〉卷后》云：'玉峰仙子，画嗣虎头，金粟后身，书工虿尾。置两君于异地，并可空群。聚二美于一堂，斯称合璧。园名水绘，宜来河洛之神。翁是巢民，应集鸾皇之侣。呼宓妃而欲出，谁夸北殿维摩。惊褚令之犹存，不数南宫博士。'吴园次《乞晓珠画洛神启》云：'金缕遗魂，梦感陈王之枕。采旄含态，香生王令之书。人但赏其清词，世罕传于妙迹。何期藻管，近出兰闺。花欲言情，波如动影。依稀莲袜，凌千顷而姗姗。仿佛桂旗，望三秋而渺渺。想见临池染翰，原写照于当身。定知拂镜穿衫，必含情于微步。'又《题晓珠画盗盒图·临江仙》云：'雪夜烧灯浮绿酒，西园宾客重来。扫眉人有不凡才。笔床翡翠，妆罢写幽怀。儿女英雄谁复问，人间多少尘埃。解围忙煞小金钗。神仙来去，一叶坠庭阶。’王阮亭尚书亦有《题晓珠杂画》三绝句。又汪蛟门有《题巢民玉山夫人临薛少保稷十一鹤图》诗云：‘少保青田姿，能为鹤写真。意思本冰雪，自然无纤尘。岂知千载后，乃有如花人。重貌十一鹤，磊落意态新。高步肆饮啄，一一传其神。我闻水绘翁，近与猿鹤邻。闺中两小妻，庄如举案宾。持此前上寿，劝酒宁辞频。饥茹黄公芝，渴饮长沮津。低头看雁鹜，纷纷焉能驯。’玉山疑即金姬，盖金名玥，玉山或其别号耳。”

据此则女罗为蔡氏，而圆玉当即金姬。文达疑汪蛟门所云玉山夫人即为金，余又疑玉山即圆玉也。吴园次《林蕙堂集》，两启本称金少君、蔡少君，巢民两姬人同时以画名者，必为金、蔡无疑。蔡父名孟昭，陈其年赠序，称之以游侠。末言“生老而无子，一女名含，甚明慧，知书，以三世交，归冒巢民先生。今且依先生以居”云，则女罗之家世为尤可详矣。

特巢民侧室，尚不止前所举诸女。韩元少《有怀堂集·潜孝先生冒征君墓志铭》称：“先生有女一，适诸生洪必贞，侧室张出。其二子嘉穗、丹书，则皆元配苏夫人出。”盖姬妾虽多，皆无所出，且皆前死。故元少挽诗有“白杨未种俱消歇，何处春风燕子楼”之句。议者又以韩此诗为疑窦，为即小宛入宫之证，殊不可解。

右驳正各条，皆以编年可证时事者举之。其余各家及《忆语》中，详述小宛之文艺妇工，足资谈助者，皆未暇及，惟举一二有关系之事附于后。

小宛有妹曰董年。《板桥杂记》曰：“董年秦淮绝色，与小宛姊妹行，艳冶之名，亦相颉颃。钟山张紫淀作《悼小宛》诗，中一首曰：

‘美人在南国，余见两双成。春与年同艳，花推月主盟。蛾眉无后辈，蝶梦是三生。寂寂皆黄土，香风付管城。’”

《贰臣传》，龚鼎孳入清，以顺治二年补太常寺少卿，三年即丁父忧出京，以请封典事为言官所纠，降二级，遂徜徉在外。九年始补原官。当庚寅、辛卯之间，正龚与其妾顾横波浪迹南中时也。庚寅春，顾向小宛借《奁艳》，而龚绳小宛以寿巢民。《板桥杂记》云：“顾眉生既属龚芝麓，百计求嗣，而卒无子，甚至雕异香木为男，四肢俱动，锦绷绣褓。顾乳母开怀哺之，保母褰襟作便溺状，内外通称小相公，龚亦不之禁也。”时龚以奉常寓湖上，杭人目为人妖，正当时事。后龚于丁酉重游金陵，偕顾寓市隐园，为顾祝生辰，遍召旧时狎客及南曲姊妹行与燕。门人严某赴浙盐司任，为眉生褰帘长跪，捧卮称贱子上寿，事亦见《板桥杂记》。时已称尚书，非复奉常故官矣。唁小宛之书，发自京邸，正其赴阙补原官时事。

《忆语》云：“姬初入吾家，见董文敏为余书《月赋》，仿钟繇笔意者，酷爱临摹。嗣遍觅太傅诸帖学之。阅《戎辂表》，称关帝君为贼将，遂废钟学《曹娥碑》。”《戎辂》帖为世所宝，亦为尊关帝者所诟病。小宛乃以废弃示趋向，关壮缪之得崇信于后世者深矣。

巢民六十岁时，其妇苏氏尚存，见梅村序文，是为康熙九年庚戌。苏与巢民同岁，梅村序中言之。据韩慕庐《潜孝先生墓志》，则巢民以六十二龄丧其原配苏，是苏亡亦为六十二岁。巢民卒于康熙癸酉十二月，寿八十三岁，克享大年。一生不废声色之好，水绘群芳，宜其先谢。盖如彭祖之阅世，其妻妾皆无有俪之者矣。慕庐《挽如皋冒征君巢民》诗六章，其第四云：“载得佳人字莫愁，染香亭子木兰舟。茧丝待久方成匹，纨扇无缘得聚头。花鸟湘中余粉墨

（自注：染香湘中皆姬所居），人琴座上亦山丘。白杨未种俱消歇，何处春风燕子楼。”情事可想。前述各条，小宛死于顺治辛卯，扣扣死于康熙辛丑，女罗与晓珠，据迦陵诗，巢民七十之年，尚有红闺两画师在。渔洋《康熙丙辰题画》正在其前四年。《广陵诗事》则谓巢民七十八岁病剧，女罗已前殁，独晓珠刲股疗之，是年为康熙戊辰。再阅五年而巢民卒，其间或晓珠又先驱地下乎。《慕庐挽诗》第一章云：“春光杂树乱飞莺，风月扬州旧主盟。人到老成常易尽，命应多难辄更生（自注：先生屡绝复苏）。暮年枯柳悲开府，天上芙蓉失曼卿。最是夜阑灯灺后，白头往往说西京。”第二章云：“南朝琼树久埃尘，桃叶当年燕赏频。青眼词人高入座，红绡狎客避逢嗔（自注：先生曾于高会唾骂阮司马）。风流咳唾真名士，离乱沧桑一党人。墨妙笔精余遗兴，玉山铁笛是前身。”第五章云：“秣陵一曲即霓裳，词客衰迟合断肠。最恨飞笺传燕子，更怜掺鼓入渔阳（自注：《燕子笺》剧，为司马笔，先生晚年喜令大菊掺渔阳鼓）。善才不死轻投迹（自注：谓大菊），贺老犹存久擅场（自注：谓朱老音仙）。浮世偃师从变幻，梨园散尽月如霜。”读此诸什，觉巢民身系世变，以处士而通两代名流声气之邮，高节盛名，修龄豪气，真足令千秋倾想矣。

《忆语》中巢民所先眷之陈姬，既证其为即陈圆，则陈圆之于戚畹，于吴藩，世无不知之。其于巢民一段香火情，世不复忆及。顺康间，吴藩方炽，词人不敢道其旧欢。后则陈亦已成大名，少年事不足谈矣。今据《忆语》补列之，附于末尾，亦一谈助。《忆语》云：“辛巳早春，余省觐去衡岳，由浙路往。过半塘讯姬，则仍滞黄山。许忠节公赴粤任，与余联舟行。偶一日赴饮归，谓余曰：‘此中有陈姬某，擅梨园之胜，不可不见。'余佐忠节治舟，数往返，始得之"云云。据此则巢民识小宛在先，而无深契。访之数不相值，乃闻陈姬之名。曰陈姬某而不只书其名，当时即为吴藩讳也。不然，何所吝而不纪其实耶？

又云："其人淡而韵，盈盈冉冉，衣椒茧时，背顾湘裙，真如孤鸾之在烟雾。是日演弋腔红梅，以燕俗之剧，咿呀啁哳之调，乃出之陈姬身口，如云出岫，如珠在盘，令人欲仙欲死。漏下四鼓，风雨忽作，必欲驾小舟去。余牵衣订再晤。答云：'光福梅花，如冷云万顷，子能越旦偕我游否？则有半月淹也。'余迫省觐，告以不敢迟留。故复云：'南岳归棹，当迟子于虎畽丛桂间。'盖计其期八月返也。余别去，恰以观涛日奉母回至西湖，因家君调已破之襄阳，心绪如焚，便讯陈姬，则已为窦霍豪家掠去，闻之惨然。及抵阊门，水涩舟胶，去浒关十五里，皆充斥不可行。偶晤一友，语次有'佳人难再得'之叹。友云：'子误矣。前以势劫去者，赝鼎也。某之匿处，去此甚迩，与子偕往。'至果得见，又如芳兰之在幽谷也。相视而笑曰：'子至矣。子非雨夜舟中订芳约者耶？曩感子殷勤，以凌遽不获订再晤。今几入虎口得脱，重晤子，真天幸也。我居甚僻，复长斋，茗碗炉香，留子倾倒于明月桂影之下。且有所商。'余以老母在舟，缘江楚多梗，率健儿百余护行，皆往河干，矍矍欲返。甫黄昏而炮械震耳，击炮声如在余舟旁，亟星驰回。则中贵争持河道，与我兵斗，解之始去。自此余不复登岸。越旦，则姬淡妆至，求谒吾母太恭人。见后仍坚订过其家。乃是晚，舟仍中梗，乘月一往相见。卒然曰：'余此身脱樊笼，欲择人事之。终身可托者无出君右。适见太恭人，如覆春云，如饮甘露，真得所矣。子毋辞。'余笑曰：'天下无此易易事，且严亲在兵火，我归，当弃妻子以殉。两过子，皆路梗中无聊闲步耳。子言突至，余甚讶，即果尔，亦塞耳坚谢，无徒误子。'复宛转云：'君倘不终弃，誓待君堂上昼锦旋。'余答云：'若尔，当与子约。'惊喜申嘱，语絮絮不悉记。即席作八绝句付之归。历秋冬，奔驰万状，至壬午春"云云。此下接巢民尊人得量移事，已见前。

钮玉樵《觚賸·圆圆传》："崇祯末，流氛日炽。秦豫之间，关城失守，燕都震动。而大江以南，阻于天堑，民物晏如，方极声色之娱，吴门尤盛。有名妓陈圆圆者，花明雪艳，独出冠时。维时田妃擅宠，两宫不协。烽火羽书，相望于道，宸居为之憔悴。外戚周嘉定伯，以营葬归苏，将求色艺兼绝之女，由母后进之，以纾宵旰忧，且分西宫之宠。因出重资购圆圆，载之以北，纳于椒庭。一日侍后侧，上见之，问所从来。后对：'左右供御，鲜同里顺意者。兹女吴人，且娴昆伎，令侍栉盥耳。'上念国事不甚顾，遂命遣还，故圆圆仍归周邸。"

按巢民所记陈姬之被劫而未去，在十四年辛巳之秋。劫而卒去，在十五年壬午之春。考《明史·田贵妃传》，以十五年七月卒，则周邸思分其宠，必在妃未死以前。故圆圆入宫，至迟不过壬午之春夏。又《圆圆传》称崇祯末，称又秦豫之间，关城失守，则周奎之蓄意选色，必在崇祯十三四年之间。再检《明史·庄烈帝纪》，崇祯十三年十二月，"李自成自湖广走河南，饥民附之，连陷宜阳、永宁，杀万安王采𨰻，陷偃师，势大炽"。又十四年春正月己丑，"总兵官猛如虎追张献忠，及于开县之黄陵城，败绩。参将刘士杰等战死，贼遂东下。丙申，李自成陷河南，福王常洵遇害，前兵部尚书吕维骐等死之”。二月庚戌，“张献忠陷襄阳。襄王翊铭、贵阳王常法，并遇害。副使张克俭等死之”。戊午，“李自成攻开封，周王恭枵、巡按御史高名衡，拒却之”。乙丑，“张献忠陷光州”。凡此所云，皆秦豫之间关城不守之事实也。则周奎之归葬购陈，自必在辛巳夏秋以后。按其时序，与巢民《忆语》吻合。故知陈姬之必为陈圆。陈工演剧，《忆语》极称之，周后亦以此绳于思宗，皆可证也。

简易哲学纲要

自　序

哲学是人类思想的产物，思想起于怀疑，因怀疑而求解答，所以有种种假定的学说。普通人都有怀疑的时候，但往往听到一种说明，就深信不疑，算是已经解决了。一经哲学家考察，觉得普通人所认为业经解决的，其中还大有疑点；于是提出种种问题来，再求解答。要是这些哲学家有了各种解答了，他们的信徒认为不成问题了；然而又有些哲学家看出其中又大有疑点，又提出种种问题来，又求解答。有从前以为不成问题而后来成为问题的；有从前以为是简单问题而后来成为复杂问题的。初以为解答愈多，问题愈少；那知道问题反随解答而增加。几千年来，这样的递推下来，所以有今日哲学界的状况。从今以后又照样的递推下去，又不知道要发展到怎样？这一半是要归功于文化渐进的成效；一半要归功于大哲学家的天才。我们初学哲学的人，最忌的是先存成见，以为某事某事，早已不成问题了。又最忌的是知道了一派的学说，就奉为金科玉律，以为什么问题，都可照他的说法去解决；其余的学说，都可置之不顾了。入门的时候，要先知道前人所提出的，已经有那几个问题？要知道前人的各种解答，还有疑点在那里？自己应该怎样解答他？这一本书，大半是提出问题与指出答案中疑点的，或者不至引人到独断论上去。

中华民国十三年三月十五日　蔡元培

凡　　例

一、是书除绪论及结论外，多取材于德国文得而班的《哲学入门》(W. Windelband, *Einleitung in die Philosophie*)。文氏之书，出版于一九一四年，及一九二〇年。再版时，稍有改订。日本宫本和吉氏所编的《哲学概论》，于大正五年出版的，就是文氏书的节译本。这两本都可作为本书的参考品。

一、读哲学纲要，不可不参看哲学史；国文的《西洋哲学史》，现在还止有瞿世英君所译美国顾西曼的一本；所以本书音译的固有名，凡瞿译本所有的，差不多都沿用了。有音译检对表，附在书后。

目　录

第一编　绪论

（一）哲学的定义

哲学是希腊文 philosophia 的译语；这个字是合 philos 和 sophia 而成的；philos 是爱，sophia 是智，合起来是爱智的意思；所以哲学家并不自以为智者，而仅仅自居于求智者。他们所求的智，又不是限于一物一事的知识，而是普遍的。若要寻一个我国用过的名词，以“道学”为最合。《韩非子·解老篇》说：“凡物之有形者，易裁也，易割也。何以论之？有形则有短长，有短长则有大小，有大小则有方圆，有方圆则有坚脆，有坚脆则有轻重，有轻重则有白黑。短长、大小、方圆、坚脆、轻重、白黑之谓理。”又说：“凡理者，方圆、短长、粗靡、坚脆之分也；故理定而后可道也。理定，有存亡；有死生；有盛衰。夫物之一存一亡，乍死乍生，初盛而后衰者，不可谓常。惟夫与天地之剖判也俱生，至天地之消灭也不死不衰者，谓常者。而常无定理。无定理非在于常所；是以不可道也。圣人执其玄虚，用其周行，强字之曰道。”又说：“万物各异理，而道尽稽万物之理。”“理者，成物之文也；道者，万物之所以成也。”他所说的理，是有长广厚可以度；有轻重可以权；有坚度感到肤觉；有光与色感到视觉；而且有存亡死生盛衰的变迁可以记述；这不但是属于数学、物理学、化学、天文学、地质学等的无机物，而且属于生物学的有机物，也在其内；并且有事实可求，有统计可考的社会科学，或名作文化科学的，也在其内；所以理学可以包括一切科学的内容。至于他所说的道，是“尽稽万理”，“所以成万物”的；就是把各种科学所求出来的公例，从新考核一番；去掉他们互相冲突的缺点，串成统一的原理；这正是哲学的任务。他又说是“不死不衰”的，这就是“无穷”“不灭”的境界；正是哲学所求的对象。他又说“圣人执其玄虚，用其周行”，哲学理论方面所求的是“形而上”，是“绝对”，所以说是“玄虚”；他的实际方面是一切善与美的价值所取决，所以说是“周行”。所以他所说的道，是哲学的内容。但是宋以后，道学、理学，名异实同；还不如用哲学的译名，容易了解。

（二）哲学的沿革

最早的哲学，寄托在神话里面。我们古代的神话，要解说天地万物生的原因，就说是有一个盘古，开辟天地；死后，骨为山岳，血为河海，眼为日月，毛发为草木，身之诸虫为动物。要解说民族中有体力智力俊异的少数人，就说是上帝感生的。印度人说梵天产生一切，希伯来人说上帝创世，都是这一类。后来有一类人，在人事上有一点经验，要借神话的力量来约束人；所以摩西说在西乃山受十诫；我们的古书也说天命有德；天讨有罪；这些话，是用宗教寄托哲学，来替代神话的时代。这时候的宗教家，是一切知识行为的总管；但看我们自算学、天文学、医学以至神仙、方技与道家的哲学，都是推原黄帝；印度的祭司、学者、诗人，均属于婆罗门一阶级，就可证明。但是宗教以信仰为主，他所凭为信仰的传说，不但不许人反对，并且不许人质问。然而这些传说，虽说是上帝或天使所给，这不过一种神道设教的托词，或是积思以后的幻相。如《管子》所说“思之思之，鬼神通之”，及后世文人所说“若有神助”之类，实际上是几个较为智慧的人凭着少数经验与个人思索构造出来的；什么能长久的范围多数人心境，叫他不敢跳出去呢？所以宗教盛行以后，一定有人怀疑。怀疑了，就凭着较多的经验，较深的思索，来别出一种解说。这就是哲学的起原。哲学是从怀疑起来的，所以哲学家所得的解说，决不禁人怀疑。而同时怀疑的，也决不止他一人，就各有各的解说。我们自老子首先开放，便有孔墨等不同的学说接踵而起。希腊自泰利士创说万物原素，就有安纳西门特、安纳西米尼斯等不同的学说接踵而起。这就可以看出哲学与宗教不同的要点。但哲学的性质虽与宗教不同；而在科学没有成立的时代，他也有包办一切知识（关于行为的知识，也在其内）的任务；他的范围，竟与宗教相等。所以哲学常常与宗教相参杂。老子的学说，被神仙家利用而为道教；孔子的学说，被董仲舒等利用而为儒教。希腊柏拉图学说被基督教利用而为近于宗教的新派；亚利士多德学说在欧洲中古时代，完全隶属于基督教麾下。这全是因为科学没有发展的缘故。

欧洲的哲学，托始于希腊人；希腊人是最爱自然、最尚自由的民族。所以泰利士的哲学，就注意于宇宙观，而主万物皆原于水说；其后安纳西门特即改为无定质说。安纳西米尼斯又改为出于气说。而毕泰哥拉又主万有皆数说。希拉克里泰主万有皆出于火说。恩比多立主火、气、水、土四原素说。安纳撒哥拉斯又说以无数性质不同的原素。看出他们的注意点全在自然界，而且各有各的见解，决不为一先生之说所限定。后来经过哲人派与苏格拉底、柏拉图等切近人事的哲学，但一到亚利士多德，就因旅行上随地考察的结果，遂于道德、政治、文学、玄学诸问题外，建设论理学，而且博涉物理、动物、植物学等问题。虽在经院哲学时代，亚氏所建设的科学，仍为教会所利用；然文艺中兴以后，欧人爱好自然的兴会，重行恢复；遂因考察、试验的功效，而各种包含于哲学的问题，渐渐自成为一种系统的知识，而建设为实证的科学。其初是自然科学，后又应用自然科学的方法于社会科学，而社会学、经济学、心理学等，均脱离哲学而成为独立的科学；近且教育学、美学等亦有根据实证的方法，而建设科学的倾向。一方面，科学家所求出的方法与公例，都可以作哲学的旁证；一方面又因哲学的范围，逐渐减小，哲学家的研究，特别专精，遂得逐渐深密。所以欧洲哲学的进步，得科学的助力不少。我们古代哲学家，用天、地、水、火、雷、风、山、泽八种卦象，说明万有；后来又有用水、火、木、金、土五行的一说；并非不注意于自然现象。但自五行说战胜八卦说以后，就统宰一切，用以说明天文，说明灾异，说明病理药物，说明政制，说明道德；遂不觉得有别种新说的必要。最早的哲学家老子，是专从玄学的原理，应用到人事；孔子虽号为博物，然而教人的学问，止有德行、政治、言语、文学等科；农圃等术，自称不如老农老圃；读诗，又但言“多识鸟兽草木之名”；可以看出对于自然界的淡漠。止有墨子，于讲“兼爱”“尚贤”以外，尚有关乎力学光学的说明，或可推为我国的亚利士多德；然自孔学独尊以后，墨学中断；虽在五代时尚有墨子化金术的假托，但并不能有功于学术。因为孔学淡漠自然的关系，所以汉以后学者从没有建设科学的志愿。陆王一派,偏于惟心主义;阳明至有"格竹七日而病"之说,固不待言。朱考亭一派,以即物穷理说格物,对于自然现象及动植物等,也曾多方的试为解说,而终没有引入科学的门径。在欧洲因有古代炼金术而演成化学,我国也有《淮南子》《抱朴子》等炼丹术,而没有产出化学的机会。欧洲因有医药术,而产出生理、地质、植物、动物等学;我国也有《铜人图》《本草》等,而没有产出生理、生物等学的机会。所以我国的哲学,没有科学作前提,永远以"圣言量"为标准,而不能出烦琐哲学的范围。我们现在要说哲学纲要,不能不完全采用欧洲学说。

(三)哲学的部类

哲学与科学,不是对待的,而是演进的。起初由哲学家发出假定的理论,再用观察试验或统计来考核他;考核之后,果然到处可通,然后定为公例。把一层一层的公例,依着系统编制起来,就是科学。但是科学的对象,还有观察试验或统计所无从着手,而人的思想又不能不到的,于是又演出假定的理论,这就是科学的哲学。例如数学的哲学(共学社译有罗素《算理哲学》)、物理的哲学(牛顿与安斯坦的著作等)、生物学的哲学(达尔文、海克尔著作等)、法律哲学、宗教哲学等。再进一步,不以一科学为限,举一切自然科学的理论,贯串起来,这是自然哲学(Naturphilosophie,例如 Schaller, *Geschichte der Naturphilosophie von Bacon bis auf unsere Zeit*; Oswald, *Vorlesungen über Naturphilosophie* 等)。再进一步,举自然科学与其他一切科学的理论统统贯串起来，如孔德的《实证哲学》(*Philosophie de Positive*)、斯宾塞尔之《综合哲学原理》(*A System of Synthesis Philosophy*)等，就是守定这个范围的。但是人类自有一种超乎实证的世界观与人生观的要求，不能对实证哲学而感为满足。又人类自有对于不可知而试为可知的要求，不能对不可知论而感为满足。于是更进一步为形而上学，即玄学(Metaphysik)。古代的玄学，是包含科学的对象，一切用演绎法来武断的。现代的玄学，是把可以归纳而得的学理都让给科学了；又根据这些归纳而得的学理，更进一步，到不能用归纳法的境界，用思索求出理论来；而所求出的理论，若演绎到实证界的对象，还是要与科学家所得的公理，不相冲突的。厉希脱说："正确的判断，在思索与经验相应。"就是此意。所以专治一种科学的人，说玄学为无用，不过自表他没有特别求智的欲望，可以听其自由。若是研究玄学的人，说玄学与科学可以不生关系，就不是现代玄学家的态度。

(四)哲学纲要的范围

特殊科学的哲学与自然哲学，都是综合哲学的一部分；我们现在要讲的，是合综合哲学与玄学两级而成。我们可以分作三部分来研究：一是专为真理而研究，大抵偏于世界观方面，名为理论的哲学，就是原理问题。一是为应用而研究，大抵偏于人生观方面，名为实际的哲学，就是价值问题。而对于此等所知各方面的研求是否确当，先要看能知一方面能力与方法是否可靠，所以不能不先考认识问题。

第二编　认识问题

（一）认识的起原

古来大思想家思考的结果，每与众人的常识不同；因而有知识与臆见相反的结论。希腊哲学家于学问发达的初期，已经把理性、理想（理性的思维）、知觉作为相对立的。最彰明的，是柏拉图所说的想起。他说观念的观照，是超乎体魄的实在，而就是一种知觉；这种知觉是超世界的，与肉体的知觉根本上不同。希腊哲学家的心理说，常常以知性为受动性，有容受感受等作用。当着他受取或映照真理的时候，精神上如能免掉一切固有活动的扰乱与牵掣，就可为认识本体的标准了。

这种心理说，正与素朴超绝论以模写说为真理概念的标准相合。然而他们有一部分，已把知觉概念修正了。他们虽然说心如蜡板，受外界各种印象以为知觉；然而照他们习用的把握、感知等语看起来，知觉的认识，自有意识上一种能动性，不容放过的。且古代"哲人"派的学说，已以一切知觉为由客观而之主观，又由主观而之客观之两种运动所成立。这就容易看出来，知觉是属于对象的影响，而精神上即有一种相应的反动；思惟是属于精神的自动，而对象能予以发展的机缘。于是乎发生一种问题，就是我们的知识，是从外界来的，还是从自己的精神上发生的？

这个问题的答案，或主张一切知识，都由外界的经验得来的，这是经验论。或主张一切由理性的思惟起来的，这是惟理论。自近世哲学最初的世纪培根、笛卡儿以至十八世纪末年的哲学运动，完全为经验论与惟理论争辨所充塞。其间导入认识论于近世哲学的，是洛克的学说。他承认经验有两种源头，一在内，一在外；一是反省自身作用而得的，一是用感官接触外界而得的。而他却排斥惟理论的"本有观念"说。用两种论调：一是说若观念是心的本质，就应凡人一样；然而不合于多数人意识活动的状况。一是说既视心的概念为意识为同一，即不容有无意识的本有观念存在。然而经验论亦不能不承认知觉所与的材料，待加工而后为认识；所以洛克也以为感官内容的发展，与内界知觉的被意识，均不可不借助于心的作用及能力。他对于认识上合理的要素，固已承认了。而他的后继者一部分，又以为内界知觉的发展，也不可不有外界知觉的预想；因而力主认识内容专属于外的知觉。若是把洛克所归功于心力的，都视为外的知觉所给予，那就转经验论而为感觉论，把一切认识内容，都认为发生于官能了。这种感觉论，是因意识内诸要素的并存，而演绎为认识上诸要素间所生的一切关系。无论何等关系，凡在诸要素间所能行与当行的，都是依属于要素的。果然，就不能不遭一种批难，例如最简单的关系，如比较、区别等；决不能从单个的或总数的要素上求出，而多分是特别新加的。

反对经验论的惟理论，欲以所受材料的综合、加工之关系，悉归诸精神作用；而且即以综合的形式为原始认识，即本有观念。文艺中兴时代的新柏拉图派与笛卡儿派均有此倾向。笛卡儿的哲学，本以本有观念为论理上直接自明的真理。而他的后继者却认为心理上发生的。于是意识的表象，不视为现实的，被予的，而认为潜在的，如来勃尼兹《人知新论》(*Nouveaux Essais*)所证明的"无意识的可能性"是了。于是经验论与惟理论，因两方间争点渐消，而互相接近。经验论者承认知觉材料，不能不有待于心力的加工，而后成为经验；惟理论者也承认关系形式，固然根于理性，而不能不以知觉为内容。来勃尼兹取近世经验论所反复声明"既不存于感官的，决不存于知力"的成语；而加以"但知力自身除外"的但书，是说明他们结合之枢纽的。

心理上相反对的经验论与惟理论，若用论理的意义来考核他们相反的根柢，就容易明了。经验论所主张的，一切知识都从各别的经验得来；而惟理论所主张的，在从本原的普遍命题上求一切认识的根原。然我们的知识，决不止各别的经验；而绝无经验的普遍性，也是难以建设的。人类的认识，常常由各别与普遍的互相错综。在论理上，由各别的而升到普遍的，是后天论，是经验论所注重的。由普遍的而降到各别的，是先验论，是惟理论所注重的。经验论虽反对绝对的先验论，而不妨承认相对的先验论；因为彼既由特别的而求得普遍原则；那么就说先验的普遍原则，可以演绎到各别问题，也有可承认的理由。惟理论既由普遍的而进向各别的认识，则对于各别经验的要素，更不能不顾，尤为显然。

这样看来，经验论与惟理论的互相反对，都是从心象发生的一点来解释认识问题；都没有什么结果。有一个很明白的比例，我们若要定一种判决的是非，决不能但问这个判决是怎样来的。凭着心象发生的手续，决不足以判定这表象是否真理。心理主义偏重于心象成立的原因，实是幼稚的见解。自康德以后，在认识论上，不是判断作用生起的问题，而是判断论证的问题。不必随心理的法则而求事实关系，乃随论理的规范而求价值关系。不是认识的起原问题，而是认识的适当问题了。

（二）认识的适当

适当一语（Gelten），自洛采始用在认识论上；而从此以来，在现代论理学，特为重要。这个真理上的适当，与经验的意识无关。无论经验的主观认为真理与否，均可不顾；而有绝对的意义。譬如数学的真理，就在没有一个人想到以前，原是适当；就是有人误认为不合，也还是适当。这叫做"自身适当"，为现代论理学的主要问题；而适当与实在的关系，也因而密切。因为一切学问的思维，其最后问题，即在意识与实在的关系。真理的价值，须看意识与实在有何等关系而成立；而发见这种关系的，就是认识论的任务。所以在认识论上，要论认识，就同时不能不论实在。

应用于意识与实在间之范畴有多种，于是对此问题的解释，也有多种。有一种根本范畴，就是对于其他一切范畴与以一程度的标准者，就是"相等"的范畴。意识与实在虽互相对待；而内容可以相等。但有一种素朴实在论，所要求的实在概念，是在意识上模写"他实在"；所谓"他实在"者，不过是包围意识之物质的实在。这种不待考察与批判而就确定概念的，依康德的学说，名为认识论上的独断论。独断论有二，一是以世界为不外乎我们的知觉，是知觉的独断论（是即产生素朴实在论的世界观的）。一是以世界为不外乎我们概念的思惟,是概念的独断论。自认识问题起,而两种独断论都不能不动摇。因动摇而怀疑,因怀疑而研究,这是认识论初起时不能脱的阶段。停滞于怀疑的阶段,而不认研究的结果为可能的,是怀疑论。在“前科学”的思想上已有一种素朴怀疑论,常对于人类本质的有限,与认识的有涯而抱憾。他所指的限界,全属于量的;就是我们的知识,凡是关乎体验的,总被拘于短小的时空以内。这种素朴怀疑论,固然与主张经验的知识者有相同处;而不同的一点,就是学问的认识,在于问题的可以解答;而怀疑论考察的结果,则不外乎否定。彼不认一切认识的存在,诚为极端怀疑论的短处;然而怀疑的思想,实为确立世界观时必然的经过点;而具一部分可以除最初的素朴见解,而立根柢的确信。

凡关于一事的解答,正负两种主张,势力相等,而不能为最后决定时,即成立问题的怀疑论,也名作问题论。由问题论的立足点出发,就有种种谨慎而不妄决的思想形式。理论上主张论据与反对论据均可采择的时候,意志常取需要,希望倾向的态度,以助他最后的决定。于是因要求而成立臆测。这种要求,可以有各方面的:或属于个人,或属于团体,或属于理性。这种实际的决定,虽可以救怀疑的不快;而颇有陷于误谬的危险。这种危险,在人生实际上不能不决定取舍的时候,原为可恕;而决不可即以此实际的决定为认识。

哲学问题,觉得完全确实的解释,竟不可能;而又觉得一方面的解释,比其他方面确实的程度,较多一点,暂行采取,这是取盖然性的途径的,就名作盖然论(Probabilismus)。近世休谟的哲学,属于此类。

问题论的通性，是对于知识与实在的关系，不敢决定为“相等”。然最易倾向于“不相等”的主张。盖“不相等”虽若与“相等”为同一不易证明的程度；而心理的必然性（非论理的），对于“相等”的疑，最易转为对于“不相等”的信。此外助成“不相等”的意见的尚有一端，就是常识上觉得自己意识与其他实在迥不相等。因而想人类知识，完全从毫无关系的“他实在”而来，而且所得的并不是实在的模写，而便是实在，这名作惟相论（Phänomenalismus）。惟相论的背景，还有素朴的超绝真理概念；因为以人类知识为不过现象不过表象的主张，实由有人类知力不能把捉本质的前提附属在内了。

惟相论的建设，也因知觉与概念的区别而演为两种。一是感觉的惟相论，以感觉的知识之内容为真。而以概念为不过表象或名义。其适当的范围，以意识为限。这种见解，由素朴实在论的常识，演而为中古时代的惟名论，又演而为近代的惟物论。一是合理的惟相论，是说一切感觉的表象，不过在意识中为实在的表象与现象；而实在就是概念。合理的惟相论，又分为两种形式：一是数学的，是一种自然科学的理论。他说事物的性质，都不过现象；惟有数量可计的性质，才是适当于真的。这种理论，随时代进行，渐以因果的范畴代相等的范畴；而以表象为实物及于意识的影响。意识内的表象，不是模写实在而是代表；犹如各种记号，代表他所记号的，所以也名作记号说。此说在古代以伊壁鸠鲁派为主；中古时代有屋干与名目论的论理学；近代有洛克与康地拉等继起；而最近的自然科学者用以建设哲学原理，以汉末呵兹为代表为最著。其他一派是本体论的形式，以概念的玄学为立足点。近于柏拉图的观念论。又如来勃尼兹的单原论,海巴脱的实在论。他说感觉世界全体,无论其性质是属于量的,或属于质的,或属于时间性及空间性的,都是"非物质的"或"超物质的"实体的现象。这种惟相论尤注重于意识内面的性质。以内外两种经验,在惟相论上,本不过同等的。在哲学史上常有由惟相论而转入惟心论玄学的。凡为一物而有所现,不但所为现的本体当然存在;就是所现的相,也不能不认为存在;这就是意识。这样,内的经验,一定比外的经验重要。外的经验,不过内的知觉全部以内的一部。意识与其各各状态,是原始的无疑的认为实在。于这个前提以下,对于外界的实在,经多少不确的推论,而始认为可信。于是认定一种意识的根本性质,或为智性,或为意志,作为适当于事物之真的本体;而外界全体,不过构成他的现象就是了。内经验的偏重,是一切新的玄学与认识论上很可注意的事实。

以内生活为重于物质的实在,于是在意识与物质的实在之间,不得不求一别种范畴而认内属的范畴(Inhärenz)为适当。这种惟相论的玄学,以意识为实体;而意识的状态与活动,就是由外界的实在还元而来的观念与表象。这种想象的形式名为理论的惟我论(Theoretische Egoismus)。

以上各种理论,都是以假定精神与物质互相反对之旧观念为基本,而以物质为现象,以精神为被现之本质的。要超出这种范围,止有把精神与物质都看作现象;但这么一来,他们的背后就止剩了一个没有内容可规定而完全不可知的"物如"(Ding an sich)了。这是绝对惟相论(Absolute Phänomenalismus),后来也名作不可知论(Agnostizismus)。他所认为本质的"物如",既不能用外界现象，也不能用内界现象，又不能用内外两界相互的关系来理解他。所谓实在的现象，既分属于这两界，而两界间永远互相关系的物质与精神，又说是同出于全不可知的“物如”而不能加以说明；这样的“物如”，并没有解决一切问题的效用，不过假设的一种黑暗世界罢了。

现代又有绝对惟相论的一派，其动机在以“物如”的概念为不必要。他们以为本质与现象的关系，依原理本不好应用到实在与意识的关系上。意识与实在的关系，凡相等、因果、内属等等根本范畴，均不适用；而所余的止有“同一”的关系。就是一切实在都表现为意识；而一切意识，都是表现实在。这种意识一元论，普通称为内在哲学（Immanent Philosophie），最近也称为新实在哲学（Neue Wirklichkeitsphilosophie）。他是一种否定“物如”概念；不许于现象背后追求与现象相异的本质；而与实证论相近的哲学。然而这种哲学，既然有意识与实在为同一，对于知识的真伪，与他们价值的区别，要加以说明，是很难的。

照这样看来，种种学说，不过程度的差别；对于真理概念，都不能确实的规定。因而认识问题，仍不能解决；不能不别开一条解决的道路；那就是康德的“认识对象”的新概念了。

（三）认识的对象

前述一切认识论的思想，都是以超绝的真理概念之素朴假定为前提，而以认识的意识与所认识的对象“实在”为互相对待的。无论在意识上取入这个对象，或于意识上模写他，或以意识为记号而代表他，要不过以同一根本思想，由各别的形式而表现罢了。由这种根本思想而发展的各种学说，都注重在应用范畴以说明意识与实在的关系；而意识与其内容，一经玄学的区别以后，再要联合起来，竟不可能。要脱去素朴的前提而确立自由的认识论，当采取批判的方法。

我们在一切知识上，常遇着作用与内容的根本上区别。照意识的体验，两者实为不可分离的结合；因没有全无内容的作用，也没有全无形式的内容。但意识作用，于各各内容得生种种相异的关系；而别一方面在同一关系上，得分别保含种种不同的内容。以意识作用与意识内容作完全独立的观察，则不能不想为意识作用以外，有独立于此作用以外的内容（如素朴实在论所用实在的概念，又如物如的概念）。而且不能不想此内容为非认识的关系而纯为对象。虽然，与意识全然无关系的实在，决非可以存想的；因为一想实在就被认识，就仍为意识内容了。所以到底认识的对象，除意识内容以外，竟没有可以表象的。

我们必须于素朴实在论的前提以外，把对象的概念，别行考定。这个概念，在康德的《纯粹理性批判》中首先提出的。在意识自身，是由种种复杂的内容综合起来的。由这个综合而统一的意识对象始成立。此等被综合的分子，本稍有独立性而可以发展为表象的运动；而且此等分子，决非从统一中产生；而自为极大全量的实在之一部分。自彼等结合为统一的形式，而后成为意识的对象。因而对象不能在意识以外为实在，必在意识上内容各部分互相结合成统一的形式而后为实在。所以结局的问题，是在何等条件下，这种由复杂而合成统一的，始有认识的价值。因为我们所研究的，是人类的认识，所以我们的问题，是在何种条件下，这个在经验的意识上，由复杂而合成统一的对象，于个人或人类的表象运动上，始有意义。有意义的对象，一定是结合的方法，完全由于客观的要素自身，而对于一切个人之综合的方法，可以为规范的。惟有看诸要素为要素自身客观的关系，那才是人类概念上对象的认识。因而思惟的对象性，是客观的必然性。但是那一种要素是客观的必然性的，这是由思维之经验的运动而定的。认识的对象，照康德思想的倾向，在认识自身最初发生的，是“我们”自己。

在经验的意识，一切由实在要素所结合的群，均由于个人自身经验的自觉；而为实在之无限的全体之切断面。无论是物的概念或事的概念，都不过在全体实在中选出最少小的；而一切意识与认识的对象由各个组成的，无论有何等多式的关系，决没有互相表象的。无论其为文明人成熟的意识，或科学概念，凡此等最高的理论意识，也决不能包括实在的全体。多式要素的综合，就在人类的意识，所以人类的认识，不能不受限制。在知觉上所得，本不过经验的意识所能感觉的一部分之选取。由知觉而概念，由概念而较高的概念，一切进行，无非割弃殊别的特征，而维持共通的特征。这种思维作用，论理学上名为抽象的。这种论证的结果，是由实在的不可忽视之多式中而取其有选择之价值的。在概念上有这一种把世界单纯化的作用，在人类有限的意识上，要支配自己的表象世界，算是惟一可能的方法了。

照这个意义，一般通用的，就是意识自身发生他的对象，又从实在的要素中发见内容，而形成自身的世界。我们愈见到这种认识就是实在的部分，而且是最有价值的部分，就愈知道认识自身不外乎诸要素的经过选择与整理而综合起来的。我们对于单纯知觉，已经名为对象。这决不能独立而为实在。我们的对象之成素，是由参入的诸要素与不能参入我们狭小意识范围内的他种无数关系组成的。照这种情形，我们自身，就成对象。他就是实在，不是不可知的物如之可知的现象，而是实在的一部分。他也是实在，而决不能当实在全体。不但成素，就是结合此等成素而为对象的形式，也根于实在。这样形式与内容，都属于实在；而经我们的选择与整理发生新状态；只是这个我们生出对象的一点，是我们认识的真理所存。而认识中生出这种对象的动作，也是有实在价值的创造物之一了。

我们看认识的本质，为自宇宙无限丰富内容中，行选择的综合，而创造一特有的世界，以为意识的对象，自然要考察到本质实现的各种形式。最初可分为“前科学”的认识与科学的认识两种。“前科学”的，是初步的素朴的认识活动；不过于无意识中产出的世界。到科学的认识，才是有意识的产出之对象；而这种产出的方式，又可分为由形式出发，与由内容出发之两种。由这两种而发生惟理的科学，与经验的科学之区别；而前者比后者觉得由综合而产出对象的特色，更为鲜明。属于惟理的科学的，第一是数学。在数学上，不是由意识受领对象，而是有意从内部产出的。关系此点，数与空间形式同样。经验是构成算术的或几何的概念之机缘；而此等概念，却不是经验的对象。数学的认识，于自然上有无与其内容相当的实物，毫无关系。于他的本质上，就直接指出认识的本质；因为无论其出于经验的原因，或感觉的想象，苟其为有意规定的反省而一度产生对象；例如圆，如三角，如对数，如积分等等，则由此而进行的一切认识，不能不为这种自己产出的对象所制约；而对象的真否，就依属于对象之客观的本质了。

数学以外，可认为惟理的科学的，是论理学。论理学之关系于思维的形式，正如数学之关系于直观的形式。论理学的自产对象，与思维依属于对象的关系，均与数学无异。我们对于数学的与论理学的形式之知识，所要求的适当，不但一度考察，而于科学概念确定以后，可以要求一切规范的意识之普遍的必然的承认；并且这等知识，对于事物全体的规定力，也认为适当。数与空间量的合法性，即代数与几何学的认识，既为物理学所证明；而且存在于科学所叙述的自然法之内。至于论理的形式之适当，对于我们有实在意义的程度，在于我们的世界除完全由此形式规定的以外，无可表象的一点而已。这么看来，数学与论理学，所有真的性质，并无区别；而两者均以实在的形式为限，不能由此形式而对于我们的认识，演绎为实在内容的规定，亦互相类似。于是实在之论理的数学的形式，与实在之由此等形式而独立的内容，仍不能统一，而稽留于最后的二元性。要求统一，止有乞灵于普遍的实在之绝对的全体。而全体实在为我们所能求出的，不过科学的认识所特有之小部分而已。

经验的科学，也用他的方式表示人类认识之选择的特色。他与惟理科学的区别，在出发点不同；而经验科学中，又因认识目的之不同而自生差别。经验科学的一部分，以纯论理的价值（即普遍性）为认识目的。普遍性的论理价值，在求得物与事之类的概念就是类型或法则。此等类型或法则，所以对于一切特殊事物有实在的适当，因为事物与其互相关系的总和，就是自然；这是与宇宙有根本关系的。

有一种科学活动，与自然研究对待，而以理解特殊的个性为目的。特殊个性，缺少论理的根本价值之普遍性；他所以得为认识的目的，因为有一种内在的价值。这种价值，属于人类所得的经验与所产的成效，就是文化。文化为人类历史的产品所结合，与自然的宇宙对待而为历史的宇宙。在这个历史的宇宙上，也是行普遍的合法性，也是全体实在的一部分；所以不能不受范于特殊隶属普遍之根本关系。关于历史的事变与历史的产物之研究，并不是以异于自然科学之方法论的与原理的研究为目的，而在乎以历史的连络关系求价值的实现。因自然科学仅注意于普遍性之论理的价值，而历史研究，遂含有别种价值的意义。然历史研究上的价值，又不在乎对象的道德化，而在乎对象自身于科学上显有价值的关系。所以古今一切事变，并不都是历史；历史之所以为文化科学的对象，是在无数事变中，把对于人生有重大价值的选择出来，而构成一种对象。这种选出来的，决不是原来的事实，而是从方法论的研究上，构成浑然的对象。所以经验科学乏自然的宇宙与历史的宇宙，都是科学的思维之新构成体。所谓真理，并不在乎与心以外之实在物相等，而在乎内容之属于绝对的实在；但又决非实在的全体，而特为人类知识上所窥见的一部分罢了。

科学经验的方式，既然用自然研究与文化研究之目的而分类，就与冯德所提出而现在最通行的自然科学与精神科学的分类法不相同了。自然科学与精神科学的分类，基于内外两种经验之心理的二元性，而实基于自然与精神对立的旧式玄学之二元性；照现代认识论的批判，这是无关于科学研究之对象的。现代认识论，由绝对实在之同一群中,取出以普遍的合法性为目的者,作为自然认识的对象;别一方面,就在取出以个性化的原理为目的者而形成历史的对象。以上两种分类法的不同,对于心理学,很有关系。现代形成心理学的任务,是由个人心理学的精神物理之基本研究,而达到社会心理学的复杂现象,历史上分别研究的界限,早已破除。然在个人心理学与社会心理学的中间而对于一切补助科学为根本前提的,是内感官的认识,就是意识的自觉。所以照主要材料的本性上看来,心理学应从法则科学的意义而属于自然研究。于文化科学中列入心理学,是按性格学的方法,而以对于单独的事变,或类型的构造,要求出心意个性时为范围。若照自然科学与精神科学的分类法,心理学仅能于精神科学方面保存狭隘的位置。人常说心理学是精神科学的基础,因为各种精神科学尤是历史科学,均是人类行为的过程而借以看出人类之意识的。然此等说明,于研究的事实上,没有何等关系。科学的心理学,研究普遍法则到极点,于历史研究上,也没有何等关系。大历史学家并不有待于今日精神物理学者的实验与审问;彼所用的心理学,是日常生活上普通人的心情与人生经验,与夫天才与诗人的洞察。以这种直觉的心理学构成科学,现在还没有能达到的。

常有人想按着科学的内容分类,就觉得科学的对象,不是可以这样单纯的取出,而是由科学的概念作用构成的。所以科学的区分不能照纯粹的科学对象,而止由科学的经验。我们若照各科学的实际工作上分成各部分,又把他集成各类,决不是适应于论理的区别,而是随各人的趣向;有倾向于自然科学的,就在类型与公则上注意;有倾向于历史研究的,就在各别价值上注意;常常是互相交叉的。这种要素，最微妙的连络，就在于特别价值上求出因果关系的机会。这种自然研究与文化研究的一致，就可以理会这两种都是世界最后价值所实现之合法的过程了。

虽然，就全体而言，认识论于承认特殊科学的自律性以外，已不能再有何等较远的进行了。在方法论上人常常为寻求普遍法式以齐同一切特殊科学之意见所迷误；要知道科学对象的差别，就是因为整理对象的方法不能不有差别。认识论中，既然了解这种对象由科学思惟之撰择而生起；断不至误认真理概念的要素，对于特殊科学，可以按科学的本性而规定；而且这种方向，也是给人类对于世界的思想，有取得各种形态的生动性，而不至局促于一种抽象的模型了。

第三编　原理问题

认识是能知方面的问题，他的对面是所知问题。哲学的所知是普遍的原理。对于各种经验而起“这究竟是什么”的疑问，是实在问题；又如起“这是什么样出来的”的疑问，是生成问题。今分别讨论如下。

（一）实在论

实在问题的起原，由于常识上虽即以经验所得为实在，而学者研究的结果，不得不假定一种较真的实在，而以经验所得的为现象，所以有真的实在与现象的实在之对立；这是对于实在概念作价值的区别。并不是以现象为虚无为假托，而视为第二次的实在，或第二种的实在，就是“单是现出来的实在”的意义。现今科学家以原子为真的实在，而我们知觉上的一切物象，均视为原子的现象，也是此意。

本质与现象的区别，起于哲学家在自己意识方面，发现思维与知觉的不同。彼以为哲学家任务在于知觉所给的现象以后，用理性的思想，求出真的实在，所以有后物理学（Metaphysik）的名词，就是我们译作玄学的。因此名物的本质为玄学的实在，而名现象为经验的实在。后来又参入认识论的色彩，应用绝对与相对的范畴;以本质为本自实在的而名为绝对的实在,或即名为绝对;以现象为系于真的实在而存立,所以名为相对的实在。

现象既不是真的实在,现象界所有的物,能不能看作实在呢?我们所名作"物"的,一定有什么性质,在什么地方,在什么时候。在常识看来,可算是我们意识以外独立的实物。其实不过是我们的感官领受种种的刺激,而总合他们的性质于意识中,构成一个统一的观念(现象)。这种统一的观念,叫作"物"。物的区别,就在乎他们性质的区别。所以别一个时候,见有同一性质的,就认为同物;性质不同的,就认为异物了。但是这个假定,于经验的实在上,觉得不合。我们常见一物,经若干时而性质有点改变,还是此物。又一方面,也常见完全同一性质的两物(例如同一工厂所出同一号码的缝针)。所以物的自己同性的话,不是与他的"性质常同"相一致。有两种印象相似而不能认为物的同一性;又有两种印象相异而不能认为不是物的同一性。例如有两个台球,我们觉得是完全相等的;若把他们打碎了,觉得与从前的球完全是两物了。这种在我们的实际知觉上,不过印象的等与不等罢了。所以不管印象的相似不相似,对于印象而想定为物的自己同一性,这纯是我们概念的要求,为要深入事物而考察,所以作此理解事实的假定。怎么样可以证明这个要求,凡知觉在体验的现象物里面,果有实际同一物存在么?我们试取一片白垩而把他打碎了。他本来有一种性质,可以与他物区别的;现在分一片为数片,并没有性质上的区别,不过形与量的区别。然而一物已成为数物了,这对于我们所期待的同一性什么样?反过来,如有许多铅屑,本不是一物;若加热而溶成铅块,形与量又成为一物了。又如远望丛林,浑成一体;近看起来，是树的集合。这种树，一看似是独体；而实由根干枝叶等等各物组成，也不过如丛林的集合体。更取木片而投在火中，更散为无数琐碎的灰，我们更从何处求物的同一性呢？

这么看来，经验的“物”的概念，大部分是不过一时的，不能满足同一性的要求；这么样还有确定不动之物的概念么？实际上保有自己同一性的物果可认识么？于是为求确定之物的概念，不能不求标准于特殊科学的思维或哲学的思维。在经验界既求不到物的实在，那就不外乎求诸现象背后的一法。物理的探求既无所得，就不外乎用玄学探求的一法。这两法中的真理，就是对于现象物的实体。常识上对于物的诸性质，本不视为有同等的价值；我们求实体的思维，就从这种已知的事实入手。我们虽并没有明确的表示，而在习惯上常于经验的物，作非本质性（偶然的特征）与本质性（本质的特征）的区别；前者虽变化消灭而物的同一性如故；后者一有变化消灭而物的同一性也跟着改变。我们对于物的区别，常常于不知不识间依内属的范畴，由多数性中选择要素，以结合统一而为物的概念。这不但行于常识之物的观念，就是科学与哲学的实体概念，也基本于选择。实体概念，由于本质性的迭次选择而达到，我们现在不能不一问选择的根据与权利。

我们第一要考察的就是在物的经验上同一性，所必不可缺的性质。我们第一遇着的是位置。例如方转的台球，在那里动与怎么样动，是同一重要的问题。这个印象上的空间关系，是知觉全体所不可缺，很明白了。然而并不是一切物都有这种位置的联带，例如植物的产地，动物的居所，虽于生活上很有关系，而不必计入本质性。

现在要讲到颜色了。设使我们把白球染成红色,是否同一物呢?我们一定不假思索而答应“是的”。这么看来,物的颜色,虽有催起快感与不快感的效力,而于物的本质性上,亦非必要。于是可认为本质性的,惟有材料与形式了。设使我们把台球磨成骰子形,就不能认为球了。又如把同式的象牙球来换他,也不能认为同一球了。这似乎形式与材料,同一重要。然使我们有一个用蜡团成或粉搓成的球,再团再搓,成为鸡卵形或骰子形,或其他种种的形,还是认为一块蜡或粉。这是形式又随便,而所余止有材料了。

但我们又转过来,例如河流的形式,大体不变;虽水量有增减,水色有清浊,而我们还认为同一物。又如有一手杖,用了多日,曾换过新柄,后来又换过金箍,后来又换过干子,几乎原来手杖的材料,渐次的全数换过了;然而还是这个手杖;这是与我们身体在生理学上所考察的一样。

然而以形的不变为构成同一性的公式,也不见可靠。凡有机物,时有形与量变化很多的;例如槲实与槲树,同一植物,若从他的发展过程之全部变化而断为同形,恐只有科学的考察而不是素朴的观照。又如有机物的同一性,虽于全体上割去一小部分,并无损碍,如断指、断臂等是。若断了头,似乎同一性消失了;然而蛙却无碍。这是生理上实验过的。这样看来,同一性存否的界限在那里?我们得为概念的规定如下:凡一物虽有几部分失去,而全体的连络统一,仍不受障害,仍得持续他的生命的,可认为与前同一的生物。这就是不专在形式,也不专在质料,而在生命的持续性。就是有机物只要生命连续;他的形与质虽有变换,不失为同一性。

我们还可以推广一点,即普通语言上不很愿意叫他作物的,例如人格的同一性，虽个人的意见感情、信仰在生存间有多大变化，除了病的变化以外，总认为同一性。最后如国民与国家的统一；国民的内容，虽人数如何加减，时代如何推移，而国民的同一性如故。国家有历史的统一，虽经大变化，而国家的同一性如故。

这么看来，物的同一性，由于本质性概念的规定；而区别本质性与非本质性的选择原理，随立场与视点而不同。在特殊科学上，物理学、化学为一类，生物学、心理学为一类，历史学为一类。有三个要点，为选择本质性的标准，就是质料、形式、进化。这三点就是构成实体概念时所不可缺的标准。就是于变化的经验中求出不变化的实体的方法。这里面有时间的要素，就是不变化的对于变化的关系。在特殊科学上分为二道：一是导入普遍对于特殊之原有的关系；一是导入原因对于结果之构成的关系。

依第一思想倾向，凡是普遍而不变的，可以为真的实在。例如化学上的元素，自安纳撒齐拉斯，已有此明了观念。或如海巴脱所讲绝对的性质，乃自多数个体中所发见物质之类的概念，与柏拉图所提出的观念（Idee）相等。柏氏说美的物含有美的观念；物体的或温或冷，是温或冷的观念来去的结果。这是以各个物象，均为现象的实在，不过因隶属于普遍的而分得一点性质。是以普遍统特别的普遍主义。

虽然，此等普遍的实体，如元素，如观念，不过变性之物的概念。这种变性之物的概念，与实在之物的性质，不能一致，所不待言。而且构成概念之抽象的过程，不能不屡作较高的比较与分解，以达于最后惟一之普遍的。所以化学元素，递次增加，而最后乃归宿于单一根本原素的假定。然类概念固不能不单一，而对于物的内属范畴的本意，所说结合复杂而为统一的，不能不渐次离远了。笛卡儿之延长的实体与意识的实体之概念，与海巴脱所主张有单一性质的实在，从根本上讲起来，已经是变性之物的概念了。这种不是物质与精神对待的普通观念，最后就归于“自然”。凡自然科学上普及的思想，都以为物质是带有普通的能力、元素、法则，以为真的实在；而一物个物，都不过一时现象。

有一种宗教感情，与这种玄学见解一致的；他以罪恶视个物，不认他们有何等存在的价值，而主张没入个体于全体的神。反对此等见解的，有一种价值感情，于个体上主张人格的意识，以自由与责任为原始感情的。又使我们姑除去感情而对于上述的普遍主义，尚有纯理论上重大的批难。普遍主义不能解决下列个体化的问题：怎么样由普遍实在产出特殊个体？为什么物的元素，在这个地方，在这个时候而以这种状态结合为个物？若说是这些物体，都是实在交代的产物，这交代从那里来的？在实在本质上，不能有这个交代他们说明的思维，不过由一个物而屡屡追溯到他以前的个物，陷于无限的往复就是了。于是乎可以进行的，止有以最初存在的个物为真的实体了。而这种个体主义，从对于个物的思想，有不同的规定，而展为各种形式。

第一是德谟克利泰的元子论（Atomismus）。他所想到的个性，远多于现今的原子论。现今原子论，还是化学上分析的类概念，又用消极光把他分析了成为电子，这不过是回向普遍主义的一条较好的道路。德谟克利泰说原子的质料是相同的，而他们的量与形式各各不同；且各有相当的方向与速度，以行他固有的运动。文艺中兴时代的粒子论（Corpusculas Theorie）是继承他的理论的；

然而在物理学、化学上竟不能成立。于是此等科学对于个体主义，不能不放弃了。

有借亚利士多德学说而以生物学维持个体主义的。亚氏曾用隐德来希（Entelechie）的概念，证明有机形体之个性的生命统一为真的实在。就是质料为要实现他的形相而发展为个物。这种用以发展的质料，在各别存在时，已有现为生活的实在之意义与价值了。这是最近于物的性之原本的范畴而历史的最可维持之物概念的一种。

玄学的个体主义之第三种，是来勃尼兹的单元论（Monadologie）。他以为万有由无数的单元成立；此等单元有同等的生命内容，以特殊的状态发展而生活。这些单元，都是世界的镜子，都能表象全宇宙，这就是一切事物的生命所以统一的关键。然而各单元与其他单元全为别物，因世界不容有两相等的实体。又一个单元与其他单元的表象内容并无区别；所区别的，是他们表现宇宙，清晰与分明的程度，随他们的个性而有差别。于是有疑点发生，这些单元怎么样互相映照？若每一单元，不过表象自己与其他单元，是我们所得到的不过互相对照的全统系，竟没有绝对的内容了。这就可以见普遍主义与个体主义的对待，一引入精神实体的形式，而遂为概念的难点所集注了。

缘这种概念的难点，而我们要用概念来规定个性，是事实上所不可能的。因为我们规定个性所用的性质，都是从特殊上抽出来的共通点，就是与别的个物相通的类概念。个物的特性，只有结合各种性质的方式。这种方式，必要用特殊的表现法；不能用具有普遍意义与他物同等相当的言语去表示他。所以个体不能用言语表示。个性不能以概念记载，只可感味。历史上的大人物，与不朽的艺术品，我们只能以内面的态度体味他。个性与各个性间之关系与状态，决不能以概念完全理解他，而只得用美学的体验。

依纯理论的考察，普遍主义与个体主义的反对，直接由物的概念之构成上采出来的。我们用概念规定的物，本成立于普遍意义的诸种性质，以一物与诸他物区别的，全由于从无同样之结合性质的方式。普遍主义求真的实在于普遍的性质，而以特殊之结合性质而生的现象物为第二次实在。个体主义，以特殊结合的物为有价值的本质；而以所由构成之普遍的性质为第二次的实在交换而得的要素。所以关于实体问题，普遍主义，是与化学的机械的思想一致；个体主义，是与有机的思想一致；两思想的相违，由于物概念的结合上有不同的选择。

依第二思想倾向，常住的本质与变化的非本质之区别，有本原的与派生的之关系；或名为构成的特征与派生的特征；而往昔常区别为属性与式样。例如笛卡儿以物体的延长为属性，而其他一切状态，是由延长演出的。心的属性是意识，而精神活动及表象感情意欲等，都为意识的式样。式样常以一定的关系，与一定的条件，由属性产出，所以对于本质为相对的性质；而属性为物自体所借以构成的，所以为绝对的性质。物体之化学的本质，由实体的根本性质而成；色、臭、味等等，对于各个感官的关系而派生的，便是式样。我们人类的本质是性格，对此不变的本质而生出各个活动，行为的状态，这是派生的现象，而为本质的式样。

这区别若全是正当的意义，也以经验的认识之关系为限。因此种区别，基于因果关系之事实的知识，而非关系于论理的形式；

若再推到这个范围以上，就不得不陷于玄学的难点。属性与有这个属性之物的自身，不但我们言语上，就是思想上，也不能不有区别。以属性对物自身，便与式样对属性无异。语言中语词的判断，如“甲是乙”的一句话，并不说主词与语词一致。我们说糖是白的甜的，并不说糖就是白，就是甜，而说糖有白与甜的性质。物自身是不指一性质而为诸性质之所有者。洛克以实体为“诸性质之不可知的保持者”，就是这个意思。

以实体的不可知而主张不必考求的，不但现代的实证哲学，实自英国观念论者勃克莱发起的。依勃氏意见，性质以外无物。例如有一颗樱桃，若把可视可触可臭可味的统统去掉，就没有什么了。他否定物体的实体，故所取的实体，不是感觉的集团，不过观念的一束，这就是他的哲学被名为观念论的缘故。在彼以观念为精神状态或活动，还没有否定观念的实体。到他的后继者休谟，又应用樱桃的理论到“我”上。“我”不过表象的一束。休谟在他的少作论文（Treatise）主张过，后来因招同国人反对，改作“研究”（Inquiry）的时候，就把这个主张删去了。照他的主张，实体的观念，可用联想律来说明他。实体不可知觉，不过基于同种观念屡屡结合的习惯而为想象的产物。

但我们取“我”的观念考一考，觉得自姓名、身体、职业、地位以至于内界的表象、思想、感情、欲求，用“我”的名统括起来。我们固然不能确说，在这些性质与状态以外，还有一个“我”在那里。然而对于休谟之“我不过观念一束”的学说，在我们人格感情上不能不反抗。而且这个反抗，除了感情要素以外，还有理论的要素。以诸性质的统一为“物”或“实在”的意义，决非指诸性质偶然的并列，而必为互相结合的。洛克说明范畴,谓是在意识上统属一切来会者之意义。这可以适用于一切物的概念与实体的概念,就是诸性质的统属,决非并列而是结合的。

这种诸性质的统属,可有两种观察:一是全视为心理的(主观的)事实,不过藉内属的范畴而实体化。一是以为若于范畴上,被表象的统一关系,适合于对象的,而有客观的意义,就有认识价值。后一说是康德用以反对休谟的。这两种观察,均不能于被统属的诸性质结合以外,别有所谓独立的实在。综合的统一,关于其形式,决不能为事实的规定。而一方面,这个形式,又不能实际的分离,而与由此形式所结合的种种要素之复合体相对立。所以实际之认识的工作,不能不由经验所示的诸种统一关系上,返求诸以本质的性质规定所存于知觉上一时的物观念的根柢所存之实体概念。而追求这实在之本质的要素,不可不有质与量的区别,即内容的性质与形式的规定之区别。

实在的量 实在的量,可分为数与大两种。

以数论,我们所经验的现象物,数实无限;我们狭隘的意识,止能得他们一小部分的截断面。这些所经验的部分,不但依属于体验范围,而且在体验中的一部分,又因记忆所存的标准,而依属于统觉作用。精神上无意识的作用,既融合新旧,而产出普通的表象;而有意识的作用之认识,又把他们的特殊性质淘汰了,以行单一化而构为概念。这种概念上的单一化,在自然科学上取"类概念"的形式;在文化科学上取"全体直观"的形式,各依他们适应于认识目的之选择的原则,以抽象非本质的而达到概念上的单一化。若就统一一切存在物与一切生成事而言,就是自然的宇宙与历史的宇宙之意义。

对于“前科学”的思维中之物概念，与“前哲学”的即科学的思维中之多数的实体概念，而设定真的实体之惟一性，是一元论。这一派多以神为惟一真的实在之代表的名词。如希腊的安纳撒是特以万物最后的原理为无限的，而名为神的。近代哲学，如斯宾诺莎、费息脱、色林、黑格耳、西利马吉尔都沿用过的。这种一元论，对于种种现象物，并不视为冷固的，而以排外的状态相对；而以为相流通，相影响，相联合，相移变而互为亲密的关系。力学上以此种关系为一切原子，交互的引力。康德以人目与世界物体间媒介的光线，说明“实体交通”的意义。与古代斯多亚派“万物一致”的思想相近。而一物既能影响于一切物，结局就是一切在一切，如安纳撒哥拉斯所主的“万物共存”说，尼哥拉斯·库沙奴的“万物遍在”说，都是一致的。于是乎一切是惟一的统一，一切是溶解于惟一的自然。只有这个是可以当“真的物”即“实体”之名。现象决不是真的实体，因为现象非同一性，而且不绝的生灭变化。现象不过是神性（真的实体）的变化无穷之式样。神是一，也是一切，因为一切式样都是属于神的。这一种形式的一元论，也名作泛神论；而纯粹由这种思想建设的，是斯宾诺莎的学说。他以“神-自然”的思想为基本，以“多”为他的现象，以“一”为他的本质；而“多”与“一”之思想的关系，不外乎内属的范畴。神即原始物，有属性，又有限定属性而散为各个现象物的式样。例如一块蜡，他的可以澎涨的质量，是属性，他的变化无方的状态是式样。把这个关系应用到宇宙上，一切现象物的本质，仍是一，不过存在的状态各各不同。所以实体就是“神-自然”，而第二次实在之现象，不过是“一”之真的式样。

然这不过一个现象的“多”统属于实在的“一”之形式；而这个内属范畴以外，又有同等重要的因果范畴。应用这个范畴，那就“一”是原因，而“多”为随于这个原因的结果。神是能产者，世界由神所产的物而构成。神是本原的实体，而现象是派生的实体。

神的一与物的多之关系，从内属范畴，有泛神论；从因果范畴，有理神论（deistische oder theistische Form）。在第一式，神是原物；在第二式，神是原因。即内在性与超越性的区别。两式的共通点，是本质为惟一性的，不受何等制限，因而绝对的独立。至于多数的现象物，由我们经验上特定的内容互相制限，为有限的。

无制限就无可规定，如埃利亚学派之“有”的概念，以“有”为惟一而且单纯，排一切变化而且排一切的多，说“有”是不可以言表的。中世纪神秘派的柏拉丁以这个不可言表的为超越一切差别而有不可知性的单一的本质。后来的“消极神学”（negative Theologie），就说神是一切，他没有特殊点，所以无名。就说是“反对的统一”，因而超越现实界特定的内容互相区别的一切反对。于是所说“一切即一”，不但对于我们的思维，就他自身，必是无规定的。以无规定与无制限相合而为神之无穷的特征。

虽然，此等神秘说，虽受欢迎于宗教的感情，而不能满足知识的要求。我们的知性，要有区别，有规定，才能理解。若立一个毫无内容规定的单一实体概念，就难以说明那些表现多状的现象物。这难点最显的是埃利亚学派，他们立一而排多，且否定变化运动；于是“一”不能出自身以外，而多与变化都不能实现。这个“现”自何处来？怎么样来的？他们没有说明的方法。这个止能名作无宇宙论，就是这个现象的宇宙，在真的实体里面与前面，就消灭了。不但埃利亚学派，就是后来的一元论，对于单纯本质发出复杂现象的问题，终是不能解决。

一元论不能更进，于是他的反对方面多元论起。海巴脱的反对一元论，最为扼要。他说若果以“一”为原理，将不能演出“多”与“生成变化”。多不是由一出，复杂不能由单纯出；在经验上的关系，就看出复杂的现象，都是每一物与其余多数的物相关系而成立的。一切物的性质，都是相对的意义，因为都是一物与他物的关系；从没有一物单从自身产出的。物理的性质，例如色，是与光的条件有关系的。心性的性质，如表象感情、意志等的倾向，都是与一定的单独内容有关系的。而且对于生成问题，若说是从一物出来，就无从把捉，若是缺了与他物交代的关系，那就什么是开始，什么是趋向，什么是动作的对象，都无从想出了。每种动作，止能想作反动。推想全世界，是带着复杂性质的凡物，与他们彼此相应的效力，把无数物体间的关系，组成一个网的样子。

海巴脱氏既想定多数本原的实在，而以实际的生成变化，为由本质的无变化的多数之实在交互而成立；以否定一元论生成变化由“一”开展的理论；又因一元论有以生成变化为实在往来的假定，而亦不能不立一种“起经验的空间”之概念，以供给实在运动之场所。这个概念，是从物理的事物之运动，结合及分离等所不能免除之“经验的直观的空间”之概念而来。关于这一点，看出多元论而说明现象的复杂变化，不能不有一种包括的统一。而这个空虚的空间，乃不能不承认为有，而与说实在无异。这是不行于多元论的。

一元论与多元论，均有不满足之点，不能不求一种结合一元多元的系统。这一类是以来勃尼兹的单元论为最完全的形式。无内容而抽象的“一”，不能生“多”；散漫而没有余地的“多”，不能生“一”；“一”与“多”须不是派生的，而是本原的，才可以结合。于是由“一”的惟一性，单一性，而更加以统一性。我们的表象，状态，简单的知觉，抽象的概念，都是有复杂的内容，而以一种形式结合为不可分解的统一。康德于《纯粹理性批判》中，规定综合的原则：说不是由形式产内容，也不是由内容产形式，实以形式统一内容为一切意识的根本性质，就是受来勃尼兹学说影响的。单元论应用此思想于玄学，由部分对于全体的关系而加以部分等于全体的原理。宇宙复杂而统一，他的各部分等于全体及其他一切部分。这个“等”是相等性而不是一样性。一样性是一切原实体毫无质的区别，只以位置变化为区别，如近世原子论是。单元论，以一切实体(单元)各有一个与他实体相等的世界内容而各以单一特殊的方式结合起来。这是一方面对于普遍主义与个体主义的要素，他方面对于一元论与多元论的要素，都是等分考察的。宇宙的同一生命内容，于他的各部分中各为特有的结合以成特殊的统一。一切这等部分，与全体及其他部分互相等，而又各有其独立的本质。相等性与统一性存乎内容；而差别性与复杂性存乎结合的方式。所以各部分均为具有特别形式与色彩的世界镜，而自为一小宇宙。近代思想家为洛采氏，于他的发表思想的著作，即以小宇宙(Mikrokosmus)为名，也是这个意思。

以大论，关于现象界的大，有空间的、时间的与强度的，都可用数的计量；在真的实体上就没有数量可计，而纯为概念上的解决。

就是超越人类计量能力的实在，其全体是有限的抑无限的之问题。

古代哲学家以真的实在为最完全，为有限；而以第二次实在为未成的实在，为无限。后来受神秘派神学的影响，以神为无限的。于是对于人类，对于神，均以意志为最高的实在；以为知性有限而意志无限。绝对意志，就是神之无际限的万能力；而人类也得感有无制限的意欲。笛卡儿以意志之无规定性无限性为即无际限力，而为人类所具之神的要素。近世玄学家由此根本形式对立无限实体与有限实体时，以有限性为存于延长与意识，而以无际限的意志为精神的实体，即神的无限性之小影。我们习惯上常以神（即本质）为无限的，而以现象的事物为有限的。

在文艺中兴时代，虽有人主张万物无限，而神即宇宙，所以神之显现的方式，也一定无限的。然经尼哥拉斯·库沙奴的订正，就结束了。尼氏以为本质现象有价值的区别；万有的无限性，也不能与神的无限性同价。且谓无限性（infinitum）与无制限性（interminatum）有别。后来哲学家用积极的无限与消极的无限，或且用善的无限与恶的无限等名义。总之，神的无限性，是超越时间空间的意义；而世界的无限性，是于时间空间上无际限的意义。

至于时间与空间的无限性，于直接经验的意义上，本非经验的事实，固不待言；然而这个却是我们经验上一个自明的前提。我们每一个知觉，都带着有限之空间的大。空间的无限性，却无从经验；然而这种无从经验之空间的无限性，可以产出空间的统一性与唯一性，可以为各个知觉的理解在意识中发展之前提。

每瞬间知觉上空间的大，共属于同一的视界，或各种触觉转置于同一触觉的空间，这已经是空间统一性与惟一性的思想发展之初步。若眼的动作与触觉的动作共组一空间的表象，于是视觉的空间与触觉的空间一致。这个一致，是由经验而得的。若我们由彼而此，由昨而今，凡才起的空间经验，都举而移入于同一的全体空间，那就我们经验所得的，都为属于全体空间的部分。在共同生活上，我们各个人所体验的空间观念一致，共以这空间为同一无限的；因各个空间为知觉的人格所占有的，都失了中心点，所以空间是无限了。而每个人空间的经验，也就是无限空间的一部分。虽然，这个统一性与这个同一性，非直接经验的，而是一种要求；大多数人，并不置此种意识中，而于现象间为共在、异处等规定时，要为必不可不豫想之自明的根本前提。康德所说的空间直观的先验性，就是这个意思。这个先验性，并非如心理的先天性，设想取一无量大的箱子放在世间，把一切特殊物都装在箱里面是(似)的；他是按一种事实，如我们讲到一种并列的物体，或讲到一所分界的空间，就不能不有一个前提，就是说这些空间都是无限空间的一部分。在玄学的要求，作统一世界想，就必有这个无限空间的前提。

上文所说空间性质，一部分是适当于时间的。时间的统一性与无限性，也不是直接经验而是一种客观的前提，以一切实物一切事故为同属一世界的。凡有各别的直接体验，都是许多分离的时间之大，与有穷的时间之关系。每个人各有他个人的(主观的)时间，由各别之意识状态的总和所成立。这等直接经验之时间的综合，就是惟一无限的时间；各个人所经验的一切时间之大与时间之关系，都是此无限时间的一部分。

但是时间直观与空间直观，也有根本上的区别。空间的统一，例如有一物体，由甲点移到乙点，二点间各点均不能不通过；这是连续推移的统一。而时间体验，在意识上，却为一种不连续的片段之作用。统一此段片作用而为共通的时间经过，必使时间得连续性的特色，与空间相类。现代柏格森氏则以自然主义的心理学与玄学，均有根本谬见，起于时间的空间化，是很有意义的。

时间空间的区别，对于“空虚”观念的关系，也是一端。普通人以空虚的空间为理解运动的前提，虽为自然哲学者所否定，然可以有此表象；若空虚的时间，是不能表象的。

实在的质　现象的实在，以各具种种性质，得用为互相区别的标准。一方面此等性质，又自己不绝的变化；因此性质变化的事实，而实在之真的性质问题，遂不得不起。这个现实，在我们思维上，有以常住为本原的性质，以变化为派生的性质之习惯。经化学者修正，而幼稚之物的概念，代以元素的概念，还是基于这个动机。然也有同一的困难；由元素化合与结合而生的实物与所由组织的成分，全然性质不同，例如轻与养以一定比例，化合而成水，水之物理学化学的性质，与所由组成的轻养二素之性质完全不同。何故轻养二素以一定分量结合，而能成此性质不同的水，无论何人，不能论证。除认为事实以外，没有别法。这种理解，想用一个原理来演绎，竟不可能。如结晶化、原子量、溶解点、电气作用等，都是这样。关于分子的构成，现代理论，也还不明了。现今就原理讲起来。比较恩比多立用地气火水四元素来说明一切的时代，还没有什么进步。

但是回到化合之量的关系，仍有意义。关于此点，由物之质的差别而回到量的差别，为忠于研究自然的倾向。就是举所知觉的事物，就他们对于我们种种感官的关系，而说明相对的性质，也是这种倾向。例如色的感觉，无涉于目以外的感官；于是乎凡有目所能感觉的，都作为色的性质；就是色属于目。其余声属于耳，臭属于鼻等等，也是这样。以物的性质依属于感官，普通名为“感官特殊的能力”。在古代，既于此等依属各感官之特殊性质以外，认物体之空间的形状、位置、运动等为一切感官共通的性质。此等性质，第一次的，固然止为视觉与触觉所介绍；而第二次的，就与其他诸感官的感觉结合起来。所以对此等性质，假定为一种共通感官的关系；而同时亦认为有一种实在的价值，在特殊感官的性质以上。因为认特殊感官的性质，不属于物自体的性质，而不过为物自体对于知觉意识表示的结果；这是洛克所以区别为第一性质与第二性质的理由。

这等见解既被公认，于是激刺的运动，与由此而开展的感觉之间，所有并行的关系，渐定为规则，而知识益益确定。例如声音与弦与空气振动数的关系，就是一端。这种自然不是概念的判断，而是事实的关系。凡性质依属于量的，都不是分析的、概念的，而是综合的、事实的。何故一秒间以太四百五十兆振动而现青色，没有人能证明理由的；然而事实上的关系，不失为自然科学世界观的基础。依这个见解，量的性质，是绝对的，属于第一次实在之本质，质的性质，是相对的，是第二次性质，而属于实在的现象。

对于意识的最后实在性质，也像外界的，用概念作为单一化；有主知的心理学，与主义（意）的心理学，互相对待。主知的以表象为意识的根本作用，而以感情与欲意为表象间紧张的关系，可以海巴脱为代表。主意的以意志为根本机能，而以表象为意志的客观化，可以叔本华为代表。调和这两种见解的，又有主情的心理学，以感情为根本，而以意志与表象为平均的潜伏在感情里面，以不断的关系，两方互相发展，这可以斯宾塞尔为代表。这一派的意见，不以知情意为三种分离的活动，而认为人生之本质与作用的三方面；这恐是最近于真理的。

近世心理学又有一种反主知论的理论，即以意志或感情为根本机能而表象乃其结果；且又以根本机能为无意识的，但无意识是无从体验的情状，仅可为说明意识的假定；决不能用以解决意识问题。现代研究心意本质的，都以意识为包含感觉、判断、推理等作用，以及感动、选择、欲求等活动。此种意识，在常识上看为与实际表现分量的物质全然不同，于是有物体与精神，感觉的与非感觉的，物质的与非物质的等等异性质的标识。

但这等二种实在，有何等关系呢？在常识以此二元性为自明的事实，没有怀疑的余地；但科学的思维，尤是哲学的思维，以实在全体统一观的倾向，为一种根本动机，不能不循这种倾向而进行。进行的方法，或于两方中认一方为本质而以他方为依属的现象；或以两方共依属于第三者的本质。第一法中，或以物质为本而精神为属，是惟物论；或以精神为本而物质为属，是惟心论。

惟物论的动机，可别为二：一种是玄学的，以一切实在，都应存在于空间的。在素朴的思想，总以实在为即在空间占有地位的意义。所以精神的活动与状态，就是存在于我们的脑髓与神经系的。非物质的灵魂，也必在天上占有地位；鬼有住所，可以招致，且可以照相。宗教上的设想,以为神的超空间的性质,与神的遍在空间,没有矛盾。古代斯多亚派以实在与体魄为根本概念,常常互见。近代代表此派惟物论的是霍布士。彼以空间为实体之表象的形式,而哲学就是体魄论;自当包有人为的体魄,例如政府也是实在,因为占有空间的缘故。

又一种是人性论的(Anthropologisch),以精神为附属于物质的。看我们精神状态,随男女、老少、健病与一切体魄的变迁,而随时均受限制;这是有机体合的活动的作用,并没有于肉体以外,再立"精神"的必要。这种思想,自十七世纪以来,因反射运动的观察而确定。反射运动,不但为合的性的特征,兼及于顺应力及完成力。其始由笛卡儿一派,以反射运动说明动物的机械运动。后来拉美得里应用于人类,因而有"人类机械论"。十九世纪法国的加伯尼与勃鲁舍,德国的伏脱与摩尔沙脱,都是这一派。

十九世纪中段有福拔希结合以上两种动机,而建立辨证论的惟物论。他把黑格耳所说"自然是精神自身上离异的"一语转为"精神是自然自身上离异的"。十九世纪的惟物论的著作,都作此想。一部分可以步息纳的"力与质"为代表,他部分可以都林的著作为代表,而斯托斯的"旧信仰与新信仰"是最称精博的。

较为高等的惟物论者为斯托斯等。仿用黑格耳"自然超越自身"的语风,而以心意的实在为物质,或物质作用之特别的一种。古代为德谟克利德,曾说精神是形体中最为精微的,由火的原子成立。法国惟物论者呵尔拜赫著《自然的体系》(*Système de la nature*),也以为普通人所说的精神动作,不过原子之微妙的、不可见的运动。现代阿斯凡德说意识如热电等,也是能力的一种。但是我们既然觉得心的实在与物的实在有根本的区别，而说甲是乙的一种，犹如说梨是苹果的一种，狗是猫的一种，殊不合理。若说心意状态，是物质的结果，或是由物质上特别精妙组织而产生，也觉得不可通。因为物的实在状态是运动，心的实在状态是意识，依然是异质的。就使一方面推到极微妙，一方面化到极单纯，谋两方面的接近；而两方根本上的区别，还是没有除去。无论怎样微妙的运动，终还不是感觉。激刺与感觉的关系，志向与目的运动的关系，从经验的研究上可以看出两者有一种因果的关系。我们慎重的态度，不敢就说是因果关系，而仅仅说是不变的关系。然而我们无论在何种机会总不能说意识状态，就是身体的运动状态。我们不能说两者是同性，至多说到他们有因果的共属关系。而此等一定的共属关系，也不过是经验的事实，而不是论理的分析之结果。在视觉神经的刺激状态，无论怎么样的取得物理学化学的定义，但他的伴以一定色彩感觉的理由，惟物论上还没有能证明的。

惟物论上既不能维持他们的意识与物质状态同一视之主张，于是转到反对方面的惟心论。最简单的是勃克莱的见解，说是物质界的存在，不外乎知觉；后来洛克所说的“物自体”，在勃氏号为“性质之不可知的实在之保持者”，例如樱桃，不外乎他的各种性质之总和。这等性质，就是意识的实体，就是精神之状态与活动。这种精神，不论是无限的属于神的，或是有限的，为我们所经验而得的，同是惟一的实在。别种惟心论，除神学的教义以外，可指数的，还有莱勃尼兹之单元论，费息脱之先验哲学的惟心论，黑格耳之辨证的玄学的惟心论。这些学说的区别，是对于根本的精神之实体，或说是各个的心的存在，或说是意识一般，或说是普遍的自我，或说是世界精神等等。又有以意志为真的实在,而以物质界为他的现象者,是叔本华等主意论的玄学。

这些惟心论的根本动机,是从奥古斯丁、笛卡儿起的。他们以为在我们的知识上,一切外界的材料,都是不确不定的;而我们精神的存在,自己的存在,是绝对不可疑而可信的。由这派演出的,无论是主知,是主意,都是以心意的实在之直接经验为本原的,而在玄学的理论上,就认为真的实在。

然而这种惟心论,也有与惟物论相等的难点。就是精神怎么样能转到完全不同的物质界观念?勃克莱说这种观念,是无限的神所给与有限的人类之精神的。然纯粹精神的神,何从得所谓物质之原型的观念?莱勃尼兹说是单元之最低度的意识状态,就是物质的状态;这也与惟物论者以感觉为物质最微妙等运动,同一不合论理。费息脱说感觉的内容,是"我"之无原因的自由所限定的;这也不过以空漠的"非我"来替代物质。黑格耳以精神自身他在而为自然,也与勃氏等见解同一空漠。

惟物惟心两方面,均没有解决这个问题的希望,而二元论又不是科学的与哲学的思维所许,于是有建设"第三界"的思想。在斯宾诺莎的哲学,以实在的全体在事实上有两属性。近世哲学或以无意识的概念当第三界,如哈脱曼的无意识哲学,就是渡到无意识的一元论的。

现代的一元论,以物质与意识之二属性,不是静的并列,而存于动的生成之过程。各个现象的生成,二属性必同时伴起,惟以一系列为主而他系列为副。而近日最通行之一元论,乃以物质为根本实在,而以意识为依属于他的现象;这不过是假装的惟物论。而于是实在论，遂不得不移入生成论。

（二）生成论

实在问题，以物体为中心；生成问题，以事变为中心。事变有位置变化（即运动）与性质变化两种。但一说变化，常不免倾向于不变而常存的感想；于是或回向物性问题，或归宿于统一各种变化的主体。

每种事变，至少有两个状态，依时间前后而联结。没有时间的要素，就不能存想事变。正如因果关系上去掉时间的要素，就不是实际上的因果，而是论理学上的理由与结论。假如斯宾诺莎说神的无限本质上，事物与法式必然的永久的联带而来；这很像说三角形的本质上，内角之和等于两直角的条件必然的永久的联带而来；不过论理的数学的关系，而不必是事实的关系。

但是事变的概念，也不能单以时间的系列为满足。例如我们在一间屋子里面，初闻人语，后来又闻开车的汽笛，这两种声音，是时间上有系列的关系，然而不能联成一个事变，因为他们没有事实的联络，所以不能把复杂的成为统一。我们若问：怎样可得到统一？可以两种条件为答案。一是属于同一物的事变，例如甲物有子丑两种状态依时间前后系列，就是由一种状态推移到别种状态，这名作内在的事变。这种事变，在意识上表象与表象，情意变动与情意变动，都有前后系列的状态。在物体上也有这种现象，就是凭着惰性所给的方向与速度而前进。一是异物间的关系。例如甲物若有子的状态，乙物就有丑的状态，依时间的系列而出现，这名作跳越的事变。这种事变，在两人以上此心与彼心间固可直接经验，而心与心的交通，不能不藉肉体的媒介，所以得豫想两种跳越的事变。一是两物体间所行之物理的事变。一是心与肉体，或肉体与心之间所行，如普通人所想定之精神物理的事变。这种事变上，凡有构成事变的诸状态，于时间的继起上有必然的结合。

这种必然的关系，在时间本质上，可有两种互相反对的方向；就是以时间为线状而取他的一点作出发点，可有前后两方向，即过去与未来。第一，甲若存在，乙就随伴而来；是甲为原因，乙为结果。第二，若要有乙，必先有甲；是乙为目的，甲为手段。就是事变的要素上所具之必然性，或为结果性，或为必要性；而他们的依属关系，或为因果律的，或为目的观的。

因果关系　因果关系，可别为四种根本形式。

第一，一物为因，他物为果。这怕是因果关系应用上最根本的形式。他的意义，是由原事物而产生一个新事物，在有机界最为显著；例如植物能开花，能结果，母体能产卵或产胎儿等类。但依科学的观察，这种意义，止能适用于现象界的事物，而不能推用到本体。止有宗教性的玄学，用以说一切事物最后的原因；如笛卡儿说无限实体，造有限实体，莱勃尼兹说中央单元造一切特殊单元等。

第二，物为原因，而物的状态与活动为结果。例如人类为种种行为的原因；心为种种意识作用的原因；物体为种种运动的原因。照此意义，实以物有能力，故能生种种状态。在内界，有意志为决断的原因，有悟性为意见等原因；在外界，有惰性或有机的生活力，为运动的原因。就是以物的属性（力）为一切特殊作用的原因。

但是特殊作用的活动，不能专属于力，还要有一种适于活动的机会；因而有能动的原因与机会的原因之区别。所以照此说，我们可认为原因的有三方面：或是能力的，或是机会的，或是兼具能力的与机会的。

第三，与前说倒转而以状态与活动为事物的原因；例如先有建筑，始有家室等，在康德与从他而起的哲学家，都有这种动的自然观。尤是色林的自然哲学，以引力与抵力为物体所由生。费息脱一派，也以行动为最初，而实体是他的最早之产品。他所说的“我”，并不是固定的原素，而是一切表象、情感、意欲等等动力之有机的综合。即如现代自然哲学上的能力论（Energetik），也不外乎以动力解决原子的问题。

第四，于各种状态间，以一为原因而他为结果。这可别为内在的原因与跳越的原因。在心意上，由知觉而生记忆，由目的之意欲而生手段之意欲，由理由之知识而生结论之知识，这都是内在的。在物理上，如有机界，以消化为制造血液的原因，以末梢神经刺激为脑中枢刺激的原因，也是内在的。但是纯粹的物理界多属于跳越的原因。或由一支体到他支体，或由一原子到他原子，都是跳越的。这一说是四说中最简单的，例如运动，推动的物体是原因，被推动的是结果，从盖律雷以来，凡研究自然哲学的都以这种因果说为标准。

这四种差别的由来，不外乎同一事实，可以由各方面观察；而且在原因复杂的情形上，那个是主因，那个是副因，也可以有不同的观察。因果间量的关系之差别，也是这样。笛卡儿说原因至少含有与结果同等的实在性。力学上因与果有相等性的原理，自盖律雷以来,公认为真理。然也有人说,日常生活上,有以微因生大果的,有以极大动力之装置而得微细之结果的。就这种量的不同之观察,也可以悟因果说所以不同的理由了。要之,因果范畴,是一时应用的形式;若要求事变之真的科学的概念,还在形式以后。

凡是一个事变被别的事变所规定的,就名作必然性。在跳越的事变上最简明表示的,是甲的运动,推移到乙,成乙的运动。由甲乙两物的运动而成一事变,物体虽异,运动惟一;他的后面,就有世界自己同一性的假定。不问现象上有何等变化交代,而世界常同一。不但指不生不灭的实体,而且于现象的事物上所造成事变的运动,也视为同一。凡有我们叫作结果的新运动,都不外乎叫作原因的旧运动。凡有说因果要求与因果原理的,都含有这种同一性的假定。这种同一性的假定,在时间上的追溯与豫订,都可适用。例如我们有一个新的体验,我们就要问问:这是从那里来的?这就是豫想:怕是从前在一种地方曾经有过的。随后又要问问:他将往那里去?他将变作怎样?这就是豫想:他不能从此就消灭了。这种意义,在机械的因果说上,竟可以说:原因是结果以前实物的状况,结果是原因以后实物的状况。就是能力恒存的原理。所以世界无所谓"新",一看是新的,其实不外乎旧的。

然而因果间同一性的假定,不过对外界印象时,我们知性的一种要求,与一个前提。若在我们日常生活上,与特殊知识上所认的各个因果关系,与科学上所见的各个因果法,觉得事变上综合的联结之诸状态,大部分,自始至终的过程,不是互相类似的。除了一物体运动推移到他物体,算最为类似外,余如化学的变化,电机的摩擦;或别种过程,如以电光为雷鸣的原因,以日光为冰融与花开的原因，以举杖为犬走的原因等，因果间都不是同一的。因果间差违愈大，两事间因果关系就愈不可解。

关于这种不可解性的论著很多，他们根本意义，就是说：在论理的分析上，决不能寻出由原因构成结果，与由结果发见原因的特点。然而也有主张两者的关系，全然与动及反动，压力及反压力的关系一样，由一方变到他方，毫没有所谓不可思议的。机械的各部分，传运动于他部分，可以由各个的基本过程分解；应用这种方法，把异质的因果关系，分解作等质的单纯因果关系，就容易了解。自然科学上对于物界的一切事变，都用机械的说明，例如热是分子的运动，电与光是以太的振动等，理解的要求，产出同一性的根本假定。物界的现象，既以分解为单纯形式，而得理解因果的性质，推到有机界，也用机械的理解；推到心理界，也可分解为基本作用，以理解他的因果过程了。

笛卡儿派对于异质因果的不可解，以为物心两方面的理解，都不成问题；而不可理解的，是精神物理的事变。到葛令克始推广到全部。以为一方的内容，决不是存在他方的内容；所以原因与结果，不能有论理的关系。就是由一物体传运动于他物体，也是不可理解的。何故一种状态，在事实上必然的有全不同的状态，与他联带而来？不管是异质的或同质的，决不能求出论理的理解。所以不独跳越的事变，就是内在的事变，也是不可解的。总之因果关系，完全是综合的，不能为论理的了解。所以作因果关键的同一性假定，也就不能为合理的了解。

我们实际的体验，常由思维而加以合理的要素；若除去这种要素，那么，实际体验的内容，所余存的，不过时间的关系了。我们的知觉，有前后关系么？有要求因果关系的解释之权利么？这是一个疑问。我们不觉得时间继起能造结果，正如我们不觉得“物”是一种联合诸性质的结纽。所以因果关系，不能为合理的认识，也不能为经验的认识，因而因果关系无从认识的结论就起了。

一个结果，所联带而来的，常有许多的时间继起；我们不过于其中选取几个时间继起，要求因果关系的权利，且亦仅仅对此关系上承认必然性的特色，是无可疑的。但此种事实，可以由各方面作不同的解释；而我们因果观念上所含的要素，也可以互相差异。就中如休谟的见解，因果关系，不是合理的与经验的所给与，所以不是分析的感觉的所能理解。他的起源，实在于屡次同种继起之内的经验。甲表象后有乙表象，屡见而成习惯；由这种习惯而甲乙间联想容易推移；于是感有甲观念起而乙观念不得不随之而起的约束。这种约束的感想，是因果关系必然性的起原；这个关系，不是专在甲的观念与乙的观念之间，而竟觉得在甲物与乙物间了。所以我们在实际经验上，一观念起时，必然的他观念随之而起，于是乎我们内界有一种动作的体验，就是在时间上规定原因与结果。这种动作的体验，从休谟提出后，后来的哲学家又附加以他种的体验。凡人在记忆上想起一事，实际上是从寻求而起。这是用我的意志作表象的原因，我并不知道意志是怎样做到的；然而我们所体验的，有这种动作的事实。又如我要举臂，就举起来了；我并不知道为怎(什)么要举就举，然而我所体验的，有这种事实。在别种方面，依我的意志，发起一种冲突，一部分在我的支体上，一部分在对象上，我并不知道这种冲突有什么别种原因，然而我体验着，有这个事实。照这两种情形，我觉得在动作的体验上，有由原因生结果的必然性之感情。这就是力的概念之起源。在外界经验上，以力为运动的原因，不过用内经验来解释外经验。严格说起来，外经验所给我们的，不过事实的时间继起。所以德国基希呵甫与马赫的实证哲学，主张物质科一次的或一般的时间继起之事实为限，而不参以力与动作的概念。

然而也有一种主张，与此说对待，而以必然性为因果关系上决定的要素。因为止有这个必然性，能把事变上种种要素统一起来。而且也止有必然性，始能在许多时间继起中，取出有关原因的几件。这个必然性，固然是心理上动作的感情，然而论理上也可适用，就在时间继起的普遍性上。甲如来，必有乙随之而来的主张，就是甲乙二要素间有事实的，一义的结合之意义。这种结合，是不问甲在何处出现，或以何式出现。总之一有甲，就必有甲的结果乙随之而来，这是论理的条件。在这种因果必然性的意义上，是无论甲的出现是一次，或多次，都没有关系。有人说，因果关系之仅现一次而不能再见的，不能纳入论理的因果式，是不可通的。因果必然性的主张，含有甲再来时乙必随之而来的假定。即因果关系，有一种时间继起的特质，在一般时间继起中以特殊情形而出现。所以各个过程的必然性，实为普遍性所规定，就是由时间继起的规则而规定。康德的因果关系定义“一物在时间上，依一般规则，而规定他物的存在”，也是这种意义。这个普遍，就是联合因果两要素而成统一的事变之结纽了。

这种规则，我们就叫作法则；于是每种因果的断定，都得指示普遍妥当的因果法。因为有这种连络关系，所以一切事变必有原因的原理，遂取得自然合法性的原理之形式。

由这种法则的概念，可以知道特殊的对于普遍的，有依属关系，是论理方式。这种方式，可以替代劳而无功的分析法。一般的综合，是事变的要素间必然性的本质。所以因果范畴，有两种要素的结合：一是个人内界之动作的体验；一是特殊依属于普遍之论理的前提。日常生活的因果观，常偏重前者；各科学的因果观，常偏重后者。

机械观与目的观 前文概论事变，曾说一义的时间继起，有以起初规定终结的，也有以终结规定起初的；于是必然性中，可有结果性与要求性两种。在第一种上，有了甲，必更有乙。在第二种上，要有乙，必先有甲。但乙的由来，并不限定一甲，也可以由丙或丁……等等；例如运动，有由于冲撞的，有由于压抑的，有由于热力的，有由于磁性的，有由于达一种作用的。这种事实的依属，都没有违异于论理的依属。在论理上从理由得结论，是常常确定；从结论求理由，就不能一定；因为同一结论，可以得种种理由。我们从此可以引到自然法逆转问题。我们可以说，有同一原因，必能生同一结果；然而同一结果，是否必出于同一原因，便是问题了。所谓同一结果常有同一原因的假定，是自然合法性之原理的要素，而为归纳法的思想与推论之前提，所以于事变之最普遍的形式与我们最复杂的经验上固为适用。然而此种可以逆转的关系，究不过日常生活的语调；而在特别研究上，就不能一样。总之在物理学化学范围，可说是机械的；而在生物学范围，可说是目的观的。在一方面，例如养与轻为二与一之比例而结合，可以成水；于是要成水的，就不可不取养与轻按照二与一之比例来化合。在别一方面，例如有机物为要有各种光的感觉，就不可不具有眼的一种感官。于是有一种机械观上所不适用的语气，就是用“止”字来形容因果律的转换。在有机论上，可以说“止”有在适中的气候上，有机物可以生存；就是为有机物的生存计，必需适中的气候之意义。

有机物的生活与形体，由他的一定机关与一定机能而后可能；然此等一定的机关与机能，又必在有机体而始可能。就是形造结果的全体，规定他必要的部分；部分是“止”于全体上存在；全体是“止”由部分而可能。时辰表是由先已成立的机轮等所组成；而有机体的各部分是他所自产，所以组立全体的根本形式有二，即机械的全体与有机的全体。前者部分先全体而成立，全体“止”由部分而可能。有机的全体，就不是这样，他的部分受全体的约束，待全体而始可能。所以有机的生成，乃所谓结果的终局，受初始所规定的，这就是目的观的说法。

向来天文学上习用“合目的性”语，希腊哲学家恩比多立已经用在有机物生活上；近来又应用在达尔文的适者生存的进化论。因而人人以为目的观的问题可用机械论解决了。然而我们不可为术语所欺。试问照此意义，所谓合目的性，是怎么样？由天文学观察，所谓合目的性不过能继续维持秩序。由生物学的进化论观察，所谓合目的性，不过保持自己与后代的生命，就是有生存能力者生存。有生存能力者生存，是自明的事；或想对于适者而加以一种意义，就是价值概念。这个价值概念，与一切无关生存能力的观念或目的等等理想相对，而为一种实在的意义。而普通对于有生存能力者生存，用广义的合目的性，包含机械的发达之产物，与生存上自然淘汰的事实来证明他。然由事实上考起来，价值概念上合目的性，与生物学上生存能力的合目的性，并不完全一致。例如猛兽毒虫的生存，在生存能力方面，不能不认为必然性，而价值不免缺如。所以适者生存的价值，也不过供自然主义的乐天观者之惊叹罢了。

这些不一致的意见，大部分是因一词而有多义的缘故。就是“进化”一词，也有很相近的两义：一方面是自然法则上，全不含价值关系的；又一方面，是人类体验上，参加以价值关系的。例如由星云而进化为天文系，这不过由单简而进为复杂的过程罢了。然而普通思想，就参以愈单简的价值愈低，愈复杂的价值愈高的解释。斯宾塞尔的进化论，就完全以这个作根据的。

目的观有真伪两种：真的目的观，有一种目的，就是未来的实物，能于实现以前，规定实现上所必要的手段。伪的目的观，仅有一种意向，是结果以前诸原因中一因，就是以未来观念为目标，而成立意志活动的。用人类意向的目的观，推到自然法，于是不得不归于神的志向，因而神的意向之目的观与真的目的观混同。然而自然过程上，与意向的目的观可以证合的实不过一部分；因而激起辨神论问题，仍不能不转入于目的活动与自然必至两方面之异同而引入二元论。

精神物理的事变 哲学上所以常常引入物心对待的二元论之故，实因物的事变与心的事变之间，常相违异；欲得两方结合的可能性，而互相推移，是一个至难的问题。

这两种事变，有各种差别点：第一，是连续性的差别。物的事变是运动，运动是空间上位置的改变，常相连续。例如由甲点行至乙点，两点间的空间，没有不通过的。心的事变就不是这样。各种意识作用，虽相继而起，却并不互相连续，并没有渐次推移的痕迹。

例如听言语时，一声以后，又有他声，各有独立的性质；并不像球类的由右而左，必要通过中间。

第二，是常暂的差别。由可见的物体以至原子，凡在空间运动的，都止有外的变动，而物体内容依然如故；且他的事变，随著运动的过程而消失。心的事变，是集表象、感情、意欲以为统觉，常随事变的过程而集积，乃可以常常体验的。不但个人，即文化发展的全体，能常存不灭的，都是事变的产品。

第三，是进行性质的差别。物体的进行，完全是依属于位置之空间的关系；无论是化学的物理的以至于有机的，凡所说静止与运动，都以位置的有无变动而定。心的事变，是有一种前后相贯的意义，毫不涉空间关系的。例如梦的联想有类似与对照；判断上有各表象之事实的联络，意欲上有以何种手段达到目的之关系，都是与物体的仅仅变易位置不相同的。

第四，是两方由简单而复杂时结合方法的不同。在物质界，力的合成，就以"力的平行四边形"为根本式；当合成以后，单纯的初式，就不可复见。心的事变，在复杂状态中，所集合的成分，仍不失其特性；不过有一种统一的形式罢了。这一点恐是物的事变与心的事变最主要的差别了。

物与心的事变，既有显著的差别，物心间相互的关系，遂愈难理解；于是精神物理的因果关系，遂为一大问题。在笛卡儿一派，已说因果关系，在意识与物理，画然两界。近来最通行的为精神物理的并行论。这一派的见解，是说物心两界，并不互相为影响，而两界的事变，无论何等阶段，常有一义而并行的关系。由同一根本实在，而一致的分现于两界。于是所谓精神物理的因果关系，不过此界状态与彼界常相对应罢了。

说明这个并行论的,以“能力恒存则”为最广。然照科学上“能力恒存则”考核起来,仍不能说明精神物理的因果关系。因为照“能力恒存则”的原理,在物的实在之全体上自成统一;由运动能力与位置能力的分配而定运动的方向与强度,是用机械的法则支配的。若说物理的运动,还别有一种精神的能力作主动,就是破坏物理界“能力恒存则”了。于是应用“能力恒存则”于物理精神学的,变而为意识界有一种特别的能力,感觉神经运动为意识,就是心意的能力;最后由意向而再变为运动,正如物界之运动变热而热又变为运动相对应。但是这种解说,在“能力”一词上,又添了几种非科学的意义;心的机能,与科学上“能力恒存则”的能力,并不能一致。所以精神物理的因果关系,尚不过得到几种幼稚的假定罢了。

第四编　价值问题

（一）价值

理论与价值，同有可定与否定的形式，而范围不同。例如说"此物是白的"，或说"此物是好的"，文法上形式虽同，而上句是事实的判断，下句是价值的判断。事实判断上，宾词就是主词的性质。价值判断上，在幼稚的思想，也以为"善""美"等词，与其他附属于主词的诸性质一样。细考一回，就可知道价值判断的宾词，决不是一物自身的性质，与专属自身的关系；而是由价值意识上发生的。但价值判断，也有普遍的妥当性，与事实判断一样。在各个经验意识，以自己价值评判为适于普遍，似是当然的事；然经验稍富，而这种自信的成见，就被破除。所以价值判断，实为人生的一问题，也就是哲学的一问题了。

价值的概念，或以满足要求为定义；或以惹起快感为定义。一方是以意志包感情，为主意论的心理学所主张；而他方以感情包意志，为主情论的心理学所主张。主情论以感情为心意的根本作用，因而说思维与意欲，均由这个根本作用派生的。而主意论又说是快感是意欲上满足的状况，不快感是不满足的状况。在有意识的意欲，固然很觉得清楚，就是无意识的意欲，也是这样，例如饥了就不快，饱了就快。但是在基本感情上，如色、声、臭、味等等，往往显出并不从意欲派生的反证；而且人类有一种反对意欲的感情，尤其不是主意论所能说明的。至于主情论的说明，本为快乐主义与功利主义的理论所自出，以为一切意欲，没有不从快与不快的感情之体验而养成的。然而有一种反证，就是本能；这是一种基本意欲，并不经何等快乐的经验而早已实现的。且我们的行为，也往往有明知不快的经验而毅然进行的，或者以此种本能归于无意识的本原，说是由遗传而得，可以得较大的快乐。然而无论如何，在个人固有不顾将来之快与不快而有一种原本的意欲，是不能反对的事实了。总之一切感情，均出于意欲，或一切意欲均出于感情，现在还没有定论；感情评价与意欲评价，常为交互关系，是很明了的。

两种评价的交互推移，最显著的，是接触联想的关系。请举两例：其一，心理上爱钱的说明，最初的时候，也不过视同纸片，后来屡次靠他来满足各种要求，就渐渐儿爱他了。其二，利用爱褒赏与畏刑罚的心理，而施行教育；教育的力量，能叫人爱他所本恶的，而恶他所本爱的。照这种价值转换的心理看来，若取各个评价之心理发生的起源，来作价值论的标准，是不可能的了。

在幼稚时代，往往以自己的感情与意志推论到他人。稍积经验，这种推想，就不免动摇；很信有自己觉得可快，而他人认为不快的；自己认为有利，而他人认为有害的。然则洞察人情以后，又觉得善恶美丑，并不是没有共同评价的关系。例如风习，就是与各人的评价相对待，而作他的标准。各人都肯舍弃他个性的评价而服从风习，这就是良心之心理的本质。良心就是在个人意识上的全体意识之言语。然而风习也不过事实。风习对于个人评价的优越点，也不过事实上多数人所承认，有量的优越罢了。风习的评价，也与个人评价一样，有时也不免迷误。所以我们的良心上，在事实的个人意识与事实的全体意识相为关系之第一形式，尚不能为最后的决定；更要进一步考察。

于是达到哲学的价值论之根本问题了。价值的意义，不外乎满足要求与惹起快感；所以价值并不是对象的性质，而仅于意欲上有要求时，与感情上受外界影响时，对于评价的意识，有价值的关系。倘若没有这种意欲与感情，就说不到价值。于个人评价以上，有表示全体意识的评价之风习，就是新生的价值。但这种价值，照历史的及人类学的观察，各国民各时代的差违，也与各人评价的不同一样；若对于种种国民，种种时代，而判决他们道德与趣味的高下，于何处得最后的价值标准呢？超越个人评价与诸国民风习的相对性而求绝对价值，就是超越一切历史的形成之诸价值，而求此等价值所由形成之规范的意识，这就是伦理学与算学的问题。

（二）伦理

伦理学的价值，在乎行为的目的，就是行为的原理。所以伦理学所研究的，就是人类意欲，当以何为目的之问题。在人类生活上为道德的行为之主体的，一方面在个人，一方面在社会，又一方面在历史的发达之人类。所以实际哲学的伦理学，有三部分：其一，个人道德论；其二，社会论；其三，历史哲学。

道德的原理　就道德原理上，可以有四种观察法。第一，是要确定一种概念，什么是道德？什么是善，应当是认；什么是恶，应当否认？对于各别的义务与道德法，果有一种普遍的统一的规则，可以统括他们么？对于一切事情与机会，果有决定道德命令的标准么？照这个意义，是注重在道德内容之原理。第二，是问：怎么能认识道德法，把普遍的应用在特别上？怎么能认识那常识所说的良心？在这种意义上，道德原理，是指我们知识上认识道德法的根源。第三，道德法是一种命令与要求，与人类意志之自然的冲动与运动相对待，为什么有这个权利？他的要求的根据在那里？照这种意义，道德原理，是道德法的可认性。第四，既然承认人类自然的意欲与道德法的要求互相对待，就不能不推寻到根本上，为什么人类要反抗自己的意志而从道德法？随人类良心的要求与他们自然的本质相差益远，而人类自己觉得自然的本质，是不合于道德的，或竟是不道德的；尤感着为什么有这种反对方面的要求之问题，是不可不解决的。照这种意义，道德原理，是属于道德的动机。

道德内容的原理　道德内容，是最难确定的。虽同一国的人，傥若地位或职业不同，他们所指目的道德，就不免互异；况在各国民，各时代，对于一种行为的批判，安能一致？于是道德没有普遍性的疑惑起。要免这一种的疑惑，不能不提出公认为道德标准的原则。于是就遇着目的观的根本关系，为古代哲学家所说，最高的价值，是至善，是一切各别的义务与规范之所从属而为最后的目的。

伦理学说中最近的观点，是从心理组织上，求这最后的目的，就是幸福说(Eudämonismus)。以为人类的天性，都求幸福；而达这个目的之手段，有正当与否；道德是一种各人自明的，而且没有例外的，可得幸福的最正当之手段。康德曾说这种见解，是以道德为最善处世法。

幸福说的批难点，就是心理上已有不可通的。亚里士多德已经说："决不能以快乐的欲望为一切欲望的动机。幸福是欲望满足的结果，决不是欲望的动机，也不是他的对象。"我们知道，不但简单的，就是最发展的意志，都是直接向着所欲望的对象，从没有顾虑到幸福与否的。我们不能说：幸福是最后之目的，而一切欲望是达到幸福的手段。

主张幸福说，就不得不有谁的幸福之问题。第一答案，是以个人自己的幸福为目的，是为利己的幸福说(Egoistische Eudemonismus)。各人所求的幸福，本不一样；最幼稚的以感觉的快乐为目的，古代哲学家，以亚利士多分为代表。进一步，务于精神的快乐，如学问、艺术、友情等，古代有伊壁鸠鲁一派，十八世纪有沙夫兹伯雷所建设之美的快乐论(Ästhetische Epikureismus)，以个性之美的发达为理想。最后又有一派，于感觉的及精神的两种快乐以上提出灵魂救济为道德命令最后的内容。这种见解，常与不灭的信仰、永远生活的希望相结合，可名作超绝的幸福说。这一派中，专注于自己灵魂之救济，而忽视对他人他物之义务的，就归入利己说。与这种神学方面的超绝道德相对待，而提倡现世的道德之学说，起于惟物论与社会主义方面；如圣西门、都林、福拔希等，最近有纪约与尼采。

与个人幸福说相对待的，是以他人全体幸福为最高目的之利他说，以增进他人幸福的动机与行为为善。在动机上或立于利己之心理的基础，或立于原本的社会的冲动之信仰上，均所不问。又对于利他的命令，或归于神的意志，或归于国家与社会的秩序，亦均所不问。所以这种利他说之道德的评价,决非质的差别,而是量的差别。因为人类以满足要求为幸福,而利他说既不加他种价值原理,就不能不以各个人能实现他的要求为满足。又以各种要求,不免互相冲突,不能不承认最大多数的最大快乐为道德。普通称为功利说(Utilismus)。但是最大多数的最大快乐,是谁的幸福?仍不外乎各个人。所以功利说与利己说,实立于同样之心理的前提。且以功利说重视幸福之量的结果,不得不迁就多数低度的要求;因而道德的兴味,以求快而避不快为限;不免放弃高尚的道德了。

幸福说以外,有完全道德说。这是不根据于心理,而立于玄学的基础上;以一切特殊的命令归宿于完全,为道德最后的内容。就是依照目的观的世界观而以天性的完全发展为最高的道德。也与利己的利他的幸福说相类,而有主张个体完全与人类完全的两说。多数的说法,都以实现人类本分为根本前提,就是以个人加入于国民、时代、人类全体的总本分为准。然而这种见解,正如西利马吉尔所说在乎自然法的完成。因而道德之命令的特色,不免脆弱。因为道德的"不许不"与自然的"不可不"之对待,不用很难的间接法,就不能理解。且此等理想的动机,无论是对于个人或对于人类全体之本分,早已不是概念的认识之事实,而是信仰的事实;就是玄学的,而且一部分是宗教的前提;不能求出科学的认识之普遍性。

幸福说与完全说,均注重于实行道德以后的结果;对于内容的原理,并不能与以单纯的普遍的内容。到批评哲学的康德,始对于道德与非道德,指出两种根本的特质。其一,伦理的判断与道德的命令,全系于行为根柢的动机;所以说“善的意志以外,没有善的世界”。又严立道德性与适法性的区别;前的是遵循道德的行为;后的是没有遵循道德的本意,而行为的形式及效果,均与道德法一致。康德屏适法性于道德以外,以为有减损道德价值的流弊。到失勒的伦理说,始缓和此种区别,而认适法性也有道德的意义。其二,无上命令的概念。从前说道德命令的,是假定的;因为不是由道德法本身尊严所产生,而受制约于各种关系。康德名这种制约是他律的(Heteronom)。道德法的本性与尊严,是道德对于人类的要求,没有制约,没有条件,不许何等斟酌的。道德的命令,无论何地何时,都要求服从。道德的命令,是完全创造的,超乎一切经验所得的意欲而独立。照此意义,道德的命令,是自律的(Autonom)。

这种形式的道德原理,不主有自身以外所给与的内容,而全由自身所规定;所以仅为有格率的原理,而不是规定格率的内容。康德以无上命令为良心,为普遍概念。个人于动机上,以意欲服从法则;而这个法则,又全然独立于个人意欲上已有之偶然的方向与对象以外;这是良心教示我们的。因而这种法则,独立于各人意欲之差别以外,而得视为同样的适当于一切个人,所以有普遍妥当性。康德之批判的道德,虽求认识根源于自己的反省,求可认性于个人的自己规定,而所认识所论证的义务,却是构成道德的世界秩序,而对于一切个人,课以同样之义务的。

注重人格,是康德的伦理说与他以前启蒙时代的完全道德说相同的。幸福说一派的沙夫兹伯雷与莱勃尼兹等,以人格为自然所给与的个性之发展;康德以人格为由普遍的理性法则支配一切个人的意欲而后成立。这两种人格说,前的很难由经验的个性,而达于类的合法性，且易陷于一部分浪漫主义的危险，就是以完成自然的个性为最后最高的道德。若批判的人格说，于原理上否定一切个性，而人格之道德的本质，乃以个人意欲受支配于一切个人同作标准的格率。而此后理想的道德哲学家如费息脱、西利马吉尔、黑格耳等，所努力解释的，以人格道德的任务，在以个人实现道德法于现象界，以依属于历史生活之伟大的关系，而填充个人自然的素质，与普遍妥当性道德的空隙。他们所希望的道德，不外乎人类事实的本质所生之经验的要素与超越的理性秩序所生之任务的结合。

幸福说的道德，注意于快不快，而限于经验的人类生活的范围。完全道德说，基于人类本分之玄学的认识。批判道德，以道德的世界秩序之意识为个人的良心，即康德著作中之实践理性。而历史的世界观之理想主义的道德，则可以理解无上命令法的内容，怎样演生历史上全体的文化。

道德的认识根原　关系道德的认识根原，是要问：我们怎么知道是善？怎么知道评价规范的妥当？解答这个问题的，约分为两方面：一方面主张经验；一方面主张直接理性的反省。而两方面也不能不互相错综。经验论虽在确定事实的道德，而要达普遍妥当的规范，不能不举道德的事实而选择比较。惟理论虽在确定妥当的命令，而根本上，也不能脱离人类之事实的道德意识。所以经验论的立足点，不论为心理的，或历史的，若仅以记录道德的事实为限，就不免倾于相对说，而不能满足道德的意识之要求，以达于规范之绝对的妥当。惟理论由普遍的理性要求出发，若仅以研求合法性之形式的法则为限，就不能不用间接方法，以人格尊严的概念应用于经验的生活关系，而达到内容的命令。

较这等方法问题更有意义的，是事实问题。就是日常生活上，人类素朴的良心，怎么能得到义务的知识与判断的规范？我们在实际生活上对于道德之最高的原理，往往于无意识中自然的应用。初不要经过研求原理的困难，而自然于各种机会应用道德规范。与其说是根源于明了的概念，毋宁说是根据于感情。所以有以感情为良心本质的道德学者，如英国的沙夫兹伯雷、赫金生，都以感情为良心的本质与道德意识的根源，用以说明一切道德的内容与意义。到休谟与斯密就指明止有实际的生活上，需要知解，来明了他的关系。然而不可不有待于理性的考虑，就是有一种正当的道德感情，在判断上显现出来。照这个方向进行，就觉得道德的认识，有直觉的特性，而不待理论的知识与其他外面影响的证明。但是这种见解，仍旧是依心理的伦理学者之习惯，把道德的感情列在一般经验的感情状态，而停留于一切经验物相对性上。所以康德又以道德感情为纯粹实践理性的事实，而引上于理性的普遍妥当之范围。凡人都有一种直接性的道德意识，超乎智的修养与智的能力之程度而独立；可由此而发见最高的世界秩序。这种形式的直觉说，注重在直接感情的自证，就是能以良心的规范，应用于任何机会而都是妥适的。海巴脱循这种根本方向而组成实际哲学，以道德为一般美学的一部分，以为我们一切判断的最后裁判，是在超脱一切依据知解的附属品，而在本原快感上归入一种关系。这种本原的感情，是不能靠考虑来把捉，来建设，而无论在何种机会，总是最初的事实；他的实际，是适当于意识而接触于内容的。

道德法的可认性　说道德的认识根原的，偏重道德的感情方面；而论道德原理的可认性的，却专属于意志方面。无论何时何处，我们的良心，总不但对于已往之事实的动机与行为，而加以回顾的批评；还对于将来之实际的意志决定而有所要求。这种要求，是与别种意志相对待而为命令。那么，命令的权利，怎样来的呢？我们的意志，为什么要把规定内容的权利，交给命令呢？这个问题里面的可认性，自然以道德法与自然意欲相对待的学说为限。幸福说与完全道德说，均以道德法为基础于自然的本质，就没有可认性的必要。

以道德法与自然意欲为相对，始有可认性的必要。有以自己意志上有这种要求，为起原于自己以外较高之意志的，就名为权威道德。如洛克所说：立法的意志，有神的命令、国家的法纪、风习的规定之三种根本形式，这是他律的。康德主张良心自律说，而归结于理性的意志之自定。这种自定的内容，是从一切理性者同样妥当之道德的世界秩序上求得格率。对这种自立的法，本也没有可认性的必要；然康德是以人格尊严与道德法同一视，而认为真之可认性的。

道德的行为之动机　说道德的行为之动机，也以道德法之内容的要求与人类自然的感情与冲动之存在相对待，而认为必要。从利己说之假定的道德，人类于求幸福与避不幸以外，无所谓道德；那就合于道德法的行为，不过起于恐怖与希望的动机。从权威道德说，不过因别种意志，有赏罚的权力，因而起服从的动机。基于此等动机，而有合于道德的行为，决非有道德的价值，而仅有适法性的价值；康德看破适法性的真相，不认为道德。道德必与自然的冲动相对待。凡以利己的冲动与社会的冲动（即自然的社会性，如同情等）为动机的，就是他的行为偶然合于道德法的要求，在康德看来，也不能认为有道德的价值。

康德既以自然的社会性属于适法性的范围，而不属于道德性的范围，于是道德的行为之动机，不外乎对于“道德法的尊敬”与“人格尊严的感情”了。然康德一派，也不取斯多亚派的严肃说，以为有陷于“道德夸”的流弊。如失勒所主张之“美魂”说（Ideal der schönen Seele），由道德的发达，而有依赖自己，不肯违反道德法之感情状态。在这个时代，性癖与义务，尚相对立，然而无论何时何处，均不至以性癖侵犯道德的格率。若程度更高，人类必纯粹为适合道德的感情，这是可推而知的。

于是乎关乎道德的全体生活，可分动机为几级。原始的，最幼稚的，是无意识的循自然的社会性，而以个人意志服从全体的意欲。进一级，对于个人意志的要求与全体意志的要求之间的互相对待，已有明了的意识；然还没有对于全体意志的尊敬，而但有遵循全体意志的合法性。再进一级，为要征服自己意志中反对道德之诸冲动，而吸入道德命令于自己意志之中；这是努力道德性的范围。最高一级，在生活过程上，达到个人意欲与全体意志的浑融；那时候美魂与道德性，不过用语上的区别罢了。

社会论（意志团体论）　前面说道德原理，已经说到个人意志与全体意志的关系；要详论这种关系，所以有社会论。

人格之最内面的独立性，就是叫作良心的，决不能不顾全体意志；而全体意志造成种种制度，且以历史的形体发达的，差不多全为支配个人而设。所以意志生活，以个人与全体为两极。我们固然常常见个人意志与全体意志的一致，但相背而驰的也不少。即使互相反对到极端，然而个人断不能全不顾全体意志，全体也断不能完全牺牲个人的意志；所以这两者的关系，是非常重要的。

全体意志所由表现的意志团体有种种，今以个人为中心，而区别各种团体，有个人立于团体之先，而组成团体的；有团体立于个人意志以前，而规定个人意志的。前的如各种会社；后的如国民。这正如无机有机的区别，前的是部分先于全体而成立，后的是全体先行成立，由其生活活动而产生部分。所以意志团体对于本质的见解，有个体主义的机械的方向，又有普遍主义的有机的方向。

这种团体发生的差别，关乎个人的位置。在会社上，以自身意志之主张为多；若这个会社与自己入社之目的不一致时，可以出社。在国民就不能骤脱；以自身从属于国民，“不许不”的分子，较意欲的分子为多。

意志团体，有家族、民族、会社、国家等。无论何人，既在这团体以内，就不能不感有一种之支配力，这就是风习的支配。风习的自然点，与他的无条件而行的点，不但在感情与意欲上，就是在直观与思维上，也无在不可以看出精神团体的形式。他的可认性，存于不可见的权威之舆论，就是各个人意识上最初存在之全体意识。

但是风习的状态，由历史过程而分解。历史过程最显著的例，是个人解放的经验。个人解放时代，一部分基于个人人格的意志对所受支配的当时风习压迫之反抗力；一部分基于各个人分属异基础、异目的之种种意志团体，而风习互相矛盾。家族、会社、国家之要求不一致时，不得不取决于个人自己的判断；因而个人脱离风习之自然的，半意识的支配。由这种过程而风习分歧为两方面：一是内的方面，有人格道德；一是外的方面，有法律而形成一定之国家秩序。道德、法律与风习，互为消长。风习支配范围较广时，人格的道德，必贫弱；而法律也是粗杂的，表面的。法律渐精微，渐内面的，而支配较广，个人的道德，对于法律，渐亦嫉视，而拥护自己的领域。最后道德与法律互相反对，而道德的人格之世界，与国家的法律秩序之世界，应如何界划，遂为重大的问题。

因各种意志团体所取的价值不一致，不能不有普遍的，必然的标准之要求。个人判断，一部分或确有一种信仰，而一部分终不能不怀疑，遂渴望有决定价值之最后的规范。而这种规范，决非各意志团体，所不可不充的任务。例如各种社会的任务，都以幸福的、功利的根本特色，达日常生活种种之目的；而此等任务，在事实上又各有特色，是否能纳入统一的形式，遂成问题。有人以此等团体之总目的，为在个人的安宁与完全的，然何以此等团体有对于个人的支配力？他们没有法子说明他。又有人主张以人类最高的本分为任务的，又不能不以超越我们的信仰为根本，而陷于玄学的解释。总之，意志团体的本质，必求诸任务之内在的性质。由风习而分派为道德与法律，是足备参考的一点。觉得一切意志团体，都是表示一种不明不定的心意。全体生活，尤是全体意欲，他的根柢上，就是一种无意识的形式。若把他变成有意识的、具体的，而取出生活秩序，以构成共通的操作，表现的制度，就成了文化。文化是人类以有意识的作为，造出环境之意义。当造出生活秩序的时候，在个人方面，又因他的人格及独立性与风习反对的关系，而以自己所学的全体生活完成为有意识的，与具体的为目的。所以生活秩序的创造，文化体系的产出，固然是意志团体的职能，而同时也是各个人格的本分。

历史哲学 历史哲学所第一注意的，是个性的特色。人类胜于动物，文明人胜于野蛮人，就在这一点。在自然主义的意义，一切有机物，于物理的心理的特征，常现出差别的个性。例如此猫肥于彼猫，彼犬警于此犬，虽极小如蚊类，也各有极小的形态上之差别，殆没有不具个性的特征的。然而这种特色，都出于自然的分化性，而决不是独立自觉的个性。有自觉的个性的，止有人类，就是人格。人格也有阶级。为种族繁殖而生的大多数人，仅有潜在的人格。我们固然以法律的道德的尊敬彼等，然彼等不过在由个性而推移于人格的初步。而介乎这种推移的，就是自觉。

自觉与其他意识内容之间，并无分析的关系；恰如神经运动与意识之间，或无机物与有机物之间，仅有综合的关系一样。这种综合的关系于自己创造“自我”以前，并不存在；直至创造的“自我”产出而后现。“自我”在实体世界，是全新的。这种人格上不可名言的个性，就是自由。他的产生的根源性，不能用玄学的潜在力来解释；因为用这种解释，就是否认个人的自由。而在道德的责任感情与历史的思维，又必然的有这种自由的要求；因为止有综合的自由，是历史上的新事实。

这种意义的人格，在自觉的个人上，由批评自己而表现；人格且对于自己而占一种自由的地位。由论理的良心而定自己诸表象的价值；由道德的动机而定自己评价的价值。无论何时何地，在自己批评上，人格自分为批评的与被批评的两面；就是以批评的明了之思虑的生活层，与被批评的不明了之感情生活层相对待。在明了思虑层，把握他独立的本性。在人类历史上，知识、道德、艺术的进步，都起于人格常新的动作。就是不惮牺牲，与从未公认的真理分离，而变革全体生活。就是使全体意识，脱不分明与无意识的素质而发达为明了的自由的形式，这是人类历史的全意义。自然种族的人类，于最初最低的生活，本有与蜂蚁同一强度之社会性，在人类历史上，人格的动作，所以形成且阐明共同生活内容的，却在于反抗原始的社会性。人格个性的作用，注入恒久的变化于一般生活的全体，由这种客观的过程而成立历史。

说历史变化的，有集合主义与个人主义的分别。集合观以一切历史，在乎全体运动，以历史的意义，不外乎全体生活的变化；而对于伟大的人格，看作普通个性。个人的历史观，注重于伟大人物的创造力，而于他所受全体的影响与协作，都不免忽视。这两派都偏于一面，而不能理解诸人格与全体相互的关系。全体的风习，不是有伟大的人格，发起新思潮，全体意志就不能进步。伟大的主张，若不是全体生活上最有价值的内容，也不能成为历史的事实。所以人格的伟大，是否定他个人的要素，而有超人格的性质。以超人格的价值，由自己发展而形成外界；这才是伟人的本质。这种价值，超然于实现者个人的条件，而且为超时间的，所以有永远的妥当。可以说由全体与个人之历史的关系，而藉人格的活动，以生永远的价值。时间的普遍，与人格的特殊，互相交涉；而为生活秩序之客观的必然性。按照论理的法则与伦理的法则，永远价值，由历史生活之时间的战而实现。所以在人格方面，不得不以乐于牺牲自己为最高之目的；而在全体方面，不得不以生活秩序渐近于理性秩序的完全为最后之结果。

由这个视点观察，人类历史就有全体统一的意义。这种意义，固然以生物学上有机的统一之思想作背景。然已往历史上，惟见有各民族各国民的互相反对与战争，到今日而我们有人类统一的理想，实是历史的产物。由人类概念，而进于人类理想，实为人类苦心努力的结果，比人格的统一，更为进步。人格的统一，本非自然所赋；由个人努力战胜种种之冲动与欲念而创造。人类统一的理想，也是由诸民族文化渐进，而渐现于意识；这就是人类的自觉。

历史的运动，各国民对于统一的人类之理想，将与各个人对于民族与国家之关系相等。以内的必然性，因历史的过程，而建设生活秩序，以发现道德的世界秩序。生于表象的范围，有学问；生于感情的范围，有艺术；生于意志的范围，有人伦；生于行为的范围，有国家与社会之组织。这些一切文明形式，都是各国民在各时代，超越自己，而创造一种实现人道的系统的。所以人类的自成，就是历史进步最后的意义。

（三）美感

在伦理学说上，道德生活的全体，总与规定行为的意欲有关系；所以伦理的价值，虽达到理性的世界秩序，仍不能摆脱欲求。因而起一问题：果有不涉欲求的评价么？有的，不涉欲求的价值，就是美的价值。

美学的概念　用 Ästhetik 为美学意义的，从邦介登起。提出美学上各种主要问题，而加以组织的，是康德的《判断力批评》。康德为区别快与善，特与美以“无关心之适意”的特征；又经失勒与叔本华加以更适切的表示，以“不因于意欲与意志的评价”为美的本质。就事实而论，人的美感常不免与快乐的要素及伦理的要素相接合。进化论中有雌雄淘汰的理论，动物心理上，早已有美感的种子，但纯是激刺的性质。至于初民的艺术，或关系魔术，或隶属宗教，或缘饰特殊风习。就是文明民族间所流行的美术与文学，或有“导欲”“伤风”的流弊；或藉为“敬神”“尊主”的助力。又如搜罗美术品的人，也有本于斗靡夸富的动机，而不是真能领会美意的。但这些都是程度较浅，浑而未画的状况。若是最纯粹最高尚的美感，哲学上所认为有价值的，当然以超越意欲的境界为标准。例如人的知识，固然有许多是维持生活，占取利益的作用；然最高的理论，绝不直接应用的，才是哲学上所求的真。真与美都是超越意欲而独立，康德所以立关系美与自由美的区别，而专取自由美。失勒且特以游戏证明美的性质。

美的态度之对象，是美的世界。美的世界，又有一特别领域，是艺术世界。于是有自然美与艺术美的区别。而美学也有两种方法；或由自然美出发，而由此以领略艺术美；或分析艺术，以定美学的概念，而由此以理解自然美。第一方向，主论玩赏；第二方向，主论制作；因为艺术美的玩赏，与自然美的玩赏，根本上没有什么区别。哲学者往往不是艺术家；而艺术家又往往不喜欢美学。若由艺术美的玩赏，而理解制作的心理，当然可以类推而普及于美的玩赏之全体。然哲学者的美的思想，由艺术美出发的，往往因艺术种类上兴味的偏胜，而美的思想，发生互异的色彩。例如古典的美学家文克曼等以造形美术为主；理想主义哲学家如色林、黑格耳等，以文学为主；最后浪漫主义美学，又有偏重音乐趣味的倾向。

与这种差别相错综的，是菲息纳所提出向下的（由上而下即演绎法）美学与向上的（由下而上即归纳法）美学之区别。向下的美学，先假定一原理，而用经验的事实相印证，有玄学的色彩，自昔哲学家的美学，都用这个方法。向上的美学，是用实验法求赏鉴的异同，用观察、比较、统计法，求制作的动机与习惯；因而求得一共通的原理；纯用科学的方法，自菲息纳以后亦颇盛行。

美的概念，到现在还不能像善的概念之容易证明。向来用兴味来形容他，而各人有各人的兴味，似乎很明了的。然而美感一定要与舒服及合用有分别，所以一定有普遍性。美的普遍性，就是没有概念；他是纯粹对于单一对象的判断。我们说美，是一种价值的形容词；不是一种理论的知识，为一种实物，或一种状态，或一种关系，来规定性质的。康德为要说明美感的超个人性，说是官觉上与理解上两种认识力的游戏；而且以形式为限。因为对象的内容，总不免与快乐或道德有关系，所以纯粹“无关心”的适意，止能对于形式。形式不是实物所直接给与的，所以美的对象，不是凭感觉所得，而是由想象得来的。而且凭着官觉的直观与可能理解的综合之合的性的总效，才得到他的内容。这种合的性，又是专在想象的表象上，才能互相调和。所以在材料的活泼而复杂，与秩序的易简而明晰上，始能求得恰好的美来。

美感的不同于知识，又不同于道德，就因为他不属于知觉与意欲而属于感情。近代心理的美学，所以盛唱“感情移入”的理论。他们说，美感的发生，就是赏鉴的人把自己移在对象方面，生同一可悲可喜的感态。而对象中，能促起这种感态的，就是美，这是心理学上对于美的对象之解说。但这种感情，何以有美学上价值？近日克利汤生于美术的哲学中试为解答，说是对于官觉的冲动与超官觉的冲动的接触，而发生这种感情。这两种互相对待的冲动，一是生活的，一是道德的。在康德学说中，就是官觉与理解的对待；两者互相调和是美，而两者互相抵触就是“高”（Erhabene）。照这种理论，人类是彷徨于两种冲动的中间；美的功用，就是给人类超出官觉的世界而升到超官觉的世界，就是道德的世界。所以这一派的美术哲学，就以美为善的象征；就在这上面证明超个人的普遍性，是在感情的游戏。

但是美与善的关系，在“高”的方面，又是一种情形。他不是隶于美，而与美为同等的种类。他的引人由官觉世界而升入超官觉世界，不是美的纯粹相，而是美与善的复杂相；照康德的学说，可以说是“关系美”的标本，用以达到最高观念的。

美与善的关系，康德的大弟子失勒是以“在现象中的自由”为出发点。彼以为美的对象，就是现象中的自由之影子；也能与环境上必然的关系相离绝而自行规定。叔本华也说，美的生活，是以脱因果律而自由观照为特色。这就是与科学不同的一点：科学完全以因果律为标准，而美的对象，给我们观照时，可以绝对自由，不要再问到别的。所以自己满足，是美的真正标记，而适与伦理上的自行规定相应合。这种自己满足，当然不是实际而是影子。美术品是当然与其他实物特别；自然美虽不能这样，然而所取的也止有美的影子。

在不是实质的一点，现代美学有一种幻想论（Illusionstheorie），在各种美术上都可应用，而尤在造形美术与演剧。这是一种有意识的自欺；心神往复于自欺与明知自欺的中间，一切图演，总是或粗疏的，或精细的摹拟事实；而这种事实上的占有心，总是为美的效力所减少，或消灭，而少有被助长的。

由美的标记而观照物的本体，就是超经验而进玄学的路径。失勒所说的自由，就是康德所说的超官觉。美是把超官觉的影子映照在官觉上。若是以柏拉图的观念为物的本体，那就如柏拉丁所说的：美是观念在官觉上的影子。这种意义，从新柏拉图派经过文艺中兴时期，直到英国沙夫兹伯雷的哲学，都没有改变。德国理想派哲学，随着康德的批判，又把他重提起来，就中最著特色的，是色林的玄学的美学，就以美术为哲学的工具。他说科学是永远不绝的在现象上寻求观念，然而没有一次能完全达到的；道德的生活，是永远不绝的在现象上经营观念，然而也没有一次能完全实现的。止有美的观照，是把观念完全的映在官觉的现象上。这是“无穷的”完全进入于“有穷的”；这是“有穷的”完全充满着“无穷的”。这样看来，他的重心，就是一切人类的著作，在乎于官觉上有穷的不完全状态上表现“无穷的”。这是梭尔该之悲剧的传奇的讽刺论（Theorie des tragischen und der romantischen tronie）所判定的。凡是这一派美的玄学，都是以美术尤是文学为表现观念的作用。照这个假定，美的玩赏，是与制造美术同一作用，就是在玩赏的想像上制出美的对象来。譬如我们玩赏风景，一定要选择一个立足点，可以把最美的景，恰好收在视线上；这正与我们画风景时把线条与色彩组合起来一样。选择与组合，在玩赏与制作上都是并重的，所以玩赏者必要有美术家的本质。

美术　美术与他种技术的不同，就是他种技术，都以应用为目的，而美术是没有的。美术不是日常所必需的，而是闲暇所产生的，与纯粹科学一样。亚利士多德说，“人类超出日常需要的束缚，而造出美与真的世界”，就是此意。希腊哲学家都以摩拟主义说美术。自狄德洛以来直到现代的实证哲学，也持这种理论。他们应用自然主义到美术上，以为与科学一样，止要能描写实物，就是求真，所以科学与美术的界限，可以消灭。

美术是离不了摩拟的，因为所取的材料，不论外界的，或内界的生活，都是事实上所可有的。然也不能说全靠摩拟，因为选择与结构，都是创设的，而这个却是美的主要点。进一层说，摩拟是一种天性的冲动；照近日社会心理学所说，凡有动物的合群，全以这种天性为基础。但是这种冲动的达到，也不过与别种冲动的发展，有同等的适意；并没有特别美学的意义在里面。至对于摩拟的精巧觉得适意，也不过与别种工作的完成同等。例如画一颗樱桃，竟有鸟误认为真的而来啄他；在大理石女像上刻一条编成的肩巾，竟有人误认为真的而想取他下来；或者对于所刻的绒衣，试试触觉；又如音乐上竟可发出断头人血滴地上的微声；这些都的确是技术上名誉心的产品；然而美术品的价值，多于美术的。

摩拟的美术，不能为普遍的固有价值，因为他的价值，是由他所摩拟的而发生。寻常评赏美术的人，往往以美术为辅助知识与道德的作用；失勒的主义也是这样。就是说美的玩赏，可以使驰逐于官觉冲动的人，经这种超脱意欲的观照，而引到真与善的最高价值上。所以美术与美的生活，专属于离绝实物的高等官能，即视觉与听觉；因没有肉体上直接的激刺可以参入。这固然是解说美的玩赏之精义，然而应用到摩拟主义上，就止有消极的与预备的功用；他的积极功用，既然在引进道德与智慧，那就没有自身固有的价值了。

失勒解说美的固有价值，提出游戏的冲动。近来生物学、心理学家都有详细的阐发。动物、儿童与初民的游戏，在进化史上，都可视为美术的先导。舞蹈、歌唱、器具的装饰，是最早的。后来于无意识中演进，一方面关乎爱情的，为求婚的游戏；别一方面，关乎合群的，为工人合唱的节奏。这种合唱的节奏，是把日常的工作演成矜贵，而把机动的疲劳转为清新；所以也有指这种游戏冲动为职务的冲动的；因为他的满足，是一种纯粹的愉快，并没有相随的目的，也没有严正的意义；但并不是一切游戏，都自有美的意义，若要问那一种游戏的内容，是具有美的价值的，那一定是真正事实的影子，就是以生活状况为模范的。只要看儿童游戏，都是摹拟成人的生活；然而不至使成人有切身利害的感想。所以游戏上，摹拟人类最有价值的生活而使观赏者超然于切身的利害；这是最有价值的。而美的游戏，就是把最深最高的实际生活，映照在对面。因而一切美术，就是以游戏的作用，自行表现；而且自身就是被表现的。所以克洛司说：美术是用直觉上所自给的发表出来。而这种没有目的之发表，是得到最纯粹、最完备的生活之影子，所以纪约说：美术的意义，是我们所认识最向上的生活。因而我们所说超越事实之美的对象，可以求出本来意义；就是一切理想化，格式化的，都归宿于自身的生活，而用纯粹与完备的表示，映照到官觉的现象上。

天才　凡美术上有特别创造力的，叫作天才。天才的定义，屡有改变。其初是指一种美术家，他的著作，可以为学者模范，作批评家的标准的。进一步的，就知道天才是不按普通规则而自有新与美的创造的。到康德的最深观察，天才是一种智慧，他的作用与自然相等。这就是说，一方面是内界的必然性，又一方面是无目的之合的性，而在一个美的人格之组织力上相遇合。内界的必然性是冲动，而无目的之合的性是能力。冲动与能力相结合，而始成为天才。有冲动而没有能力，是美术家的厄运。能力的制限，不是用工与努力所能打破；因为美术的创造力，往往潜伏在无意识中。所以美术家常常反对理论与哲学；因为这些都不能帮助他，而或者反搅扰他。止有我们不能不考察他们的性质与工作，以构成概念，而排列在美术品的共通关系上；但是我们也常常觉着美术家的创造工作上，有不能明白表示的。

色林因康德的定义，而用无意识的意识来说明天才，是很巧妙的。美术家的著作，往往是无意识与有意识互相错综，没有可以用定理来说明的。美术家一定要本着自己表现的冲动来着手，几乎不能自主的；从这种无意识的根据上投到意识，才有他的作品；然而当他那实现一种作品的时候，又是从无意识中潮涌出来。与创作并行的，有冷静、有意识的批评；然这个断不能作积极的指导，也只能作为由无意识的生活根本上偶得的妙想。近来盛行“天才与狂疾为缘”论，要也不过是无意识与有意识错综的作用罢了。

第五编　结论

以上各编，已把哲学上论理、伦理、美学三方面的关系，陈述大概。论理学方面，纯用概念。美学方面，纯用直观。伦理学方面，合用两者；隶于功利论的，由概念，是有意识的道德；超乎功利的，由直观，是无意识的道德。自叔本华主张意志论，以万有无非意志；而昔之智力论，遂为之屈服。故人生哲学，以至善为依归，自是颠拨不破的见解。但叔本华的厌世观，以美的直观为达到道德的作用，而排斥根本概念的知识。近如柏格森的直觉哲学，也有以知识为停滞的意识之说。此等申直观而斥概念，正与黑格耳一派申概念而绌直观，同为一偏的见解。平心而论，哲学是人类精神的产物，决没有偏取一方面而排斥他方面之理；以伦理为中坚，而以论理与美学为两翼，这才是最中正的哲学。

也有人以精神三方面的统一为属于宗教的。但宗教不过哲学的初阶，哲学发展以后，宗教实没有存在的价值。追溯宗教的发生，实起于应时势而挺出的哲学家。例如摩西定十诫，不过如大禹的述洪范九畴，印度韦驮经述四阶级，不过如柏拉图的《共和国》里面说三阶级。阿拉伯察拉土司脱拉立二元教，主张以光明战胜黑暗，不过如《周易》的说阴阳。然而摩西的教义，到耶稣而革命，韦驮经的教义，到佛陀而革命，阿拉伯的教义，到谟罕默德而革命。这就是哲学发展的公例。耶稣的态度，很像苏格拉底；佛陀的态度，很像托尔斯泰；谟哈默德的态度，很像尼采；也不过一种哲学家表现个性的惯例，毫没有神奇可言。至于一切附会的神话，正如中国孔子，是个最确实的人物；而谶纬中也有许多怪诞的附会，也不足据为宗教家的特色。

宗教所以与哲学殊别的缘故，由于有教会。教会是以包揽真善美三者为职业；死守着旧的教义，阻新的发展。所以哲学的改革极易；而已成宗教的哲学，改革极难，甚至酿成战争。

宗教虽有死守旧义的教会，要包揽真善美事业，然而学术发达以后，包揽的作用，渐渐为人所窥破；不能不次第淘汰。最先淘汰的是知识方面。如盖律雷的被迫，白儒诺的被焚，就是新知识与教会旧知识战争的开幕。以后科学逐渐发展，经过十八世纪惟物论、十九世纪生物进化论时代，宗教上垄断知识的旧习惯，已经完全打破。行为方面，宗教所主张的，是他律说，本不如自律说的有力；经斯宾塞尔说进化的道德；尼采区别主人道德与奴隶道德；纪约主张无强迫与无惩罚的道德；宗教上垄断道德的习惯，也就失了信用。现今宗教社会所以还能维持，全恃他与美术的关系。我们考初民美术，如音乐、舞蹈与身体上器具上的饰文，很少不含有宗教的意义。而现有的宗教，也没有不带着美术的作用。例如集会的建筑，陈列的雕刻与图画，演奏的乐歌，以至经典的文学，教士的雄辨，祈祷的仪式，都有美的作用，所以还有吸引信徒的能力。而且不但外形上关系，这样密切，就是照主义上说，宗教的最高义，在乎于有穷世界接触无穷世界；而前述色林之美的观念说，所谓无穷的完全进入于有穷的，有穷的完全充满着无穷的，乃正是这种作用。所以宗教的长处，完全可以用美术替代他。而美术上有“日日新又日新”的历史，与常新的科学及道德相随而进化，这不是宗教所能及的。

哲学自疑入，而宗教自信入。哲学主进化，而宗教主保守。哲学主自动，而宗教主受动。哲学上的信仰，是研究的结果，而又永留有批评的机会；宗教上的信仰，是不许有研究与批评的态度。所以哲学与宗教是不相容的。世人或以哲学为偏于求真方面，因而疑情意方面，不能不藉宗教的补充；实则哲学本统有知情意三方面，自成系统，不假外求的。

附录　译名检对表[1]

四　画

牛顿　Newton

孔德　August Comte

文克曼　Winkelmann

五　画

尼哥拉斯·库沙奴　Nicoras Cusuns

尼采　Nietzsche

加伯尼　Cabanis

白儒诺　Bruno

六　画

安纳西门特　Anaximender

安纳西米尼斯　Anaximenes

安纳撒哥拉斯　Anaxagoras

安斯坦　Einstein

休谟　Hume

伊壁鸠鲁　Epikur

色林　Schelling

---

[1] 此表原以繁体字笔画数排列，现改为简体字，次序不作相应调整。——编者

西利马吉尔　Schleiermacher

七　画

希拉克利泰　Heracleitus

伏脱　Vogt

步息纳　Büchner

斯密　Adam Smith

邦介登　Baumgarten

克利汤生　Christane

克洛司　Benedetto Croce

狄德洛　Diderot

八　画

亚利士多德　Aristoteles

来勃尼兹　Leibniz

拉美得里　La mettrie

呵尔拜赫　Holbach

阿斯凡德　Osward

九　画

柏拉图　Plato

柏拉丁　Platin

洛克　Locke

洛采　Lotze

屋干　Occam

勃克莱　Berkeley

勃鲁舍　Broussais

哈脱曼　Hartmann

纪约　Guyau

十　画

泰利士　Thales

恩比多立　Emperdocles

海巴脱　Herbart

海克尔　Haeckel

埃里亚　Ereat

都林　Dühring

马赫　Mach

托尔斯泰　Leon Tolstoi

十一画

毕泰哥拉　Pythagoras

培根　Bacon

笛卡儿　Descartes

康德　Kant

康地拉　Condillac

基希呵甫　Kirchhoff

梭尔该　Solger

十二画

斯宾塞尔　Spencer

斯宾诺莎　Spenoza

斯多亚　Stoik

斯托斯　Strauss

冯德　Wundt

费息脱　Fichte

黑格耳　Hegel

奥古斯丁　Augustin

菲息纳　Fechner

十三画

达尔文　Darwin

盖律雷　Galileo

葛令克　Geulincx

十四画

厉希脱　Lichter

汉末呵兹　Helmholtz/Helmholz

福拔希　Feuerbach

赫金生　Hutcheson

察拉土司脱拉　Zarathustra

十五画

德谟克利泰　Demokrit

摩尔沙脱　Moleschott

圣西门　Saint Simon(Saint-Simon)

十六画

霍布士　Hobbes

二十画

苏格拉底　Sokrates

图书在版编目(CIP)数据

哲学大纲·石头记索隐·简易哲学纲要 / 蔡元培著；《蔡元培全集》编委会编. — 北京：商务印书馆，2024
(蔡元培全集；卷二)
ISBN 978-7-100-23128-2

Ⅰ.①哲… Ⅱ.①蔡… ②蔡… Ⅲ.①哲学—研究 ②《红楼梦》研究 Ⅳ.①B0②I207.411

中国国家版本馆CIP数据核字(2023)第193488号

蔡元培全集
卷二
哲学大纲 石头记索隐 简易哲学纲要
蔡元培 著
《蔡元培全集》编委会 编

商 务 印 书 馆 出 版
(北京王府井大街36号 邮政编码100710)
商 务 印 书 馆 发 行
北京新华印刷有限公司印刷
ISBN 978-7-100-23128-2

2024年11月第1版 开本880×1240 1/32
2024年11月北京第1次印刷 印张7⅝
定价：53.00元